L'APOLOGIE DE LA MORT

Du même auteur :

27 clefs pour révéler votre potentiel, Bussière, 2018.

Néo-chamanisme, Néo-Ayahuasca, Néo-sapiens, Bussière, 2019.

La tourmente du Serpent, Véga, 2021.

Visions chamaniques: L'Imaginal et l'Ayahuasca, Véga, 2021.

Rituels chamaniques, Véga, à paraître.

Crédits Photos & illustrations

Conception graphique couverture : ® Sonia Chorew, Atelier de Sia

Illustration de couverture :

Jaly est née à Pompadour (19), le 23 janvier 1952. C'est une peintre réaliste autodidacte. Elle s'inspire de très nombreuses influences pour faire évoluer son art depuis de nombreuses années. Ses œuvres sont principalement réalisées à la peinture à l'huile (Elle est cotée Drouot depuis 2012). Elle enseigne son art à Marzan. Dans son interprétation de « L'île des morts », on retrouve une belle lumière qui vient donner vie à cette île, la rendre attrayante lorsque l'on s'en approche après avoir traversé une mer difficile et inquiétante. Cette thématique était parfaitement en adéquation avec l'esprit du présent ouvrage.
www.courspeint rejaly.com

Photo de la statue de Buddha Gandhara de chez Lotus Sculpture (Californie)

© Kyle Tortora – www.lotussculpture.com

© Sébastien Cazaudehore : p. 99

Image tirée du film Nosso Lar, « La Porte » (®Jupiter Films – Nosso Lar, Notre Demeur : DVD & VOD du film disponible sur le site Jupiter-Films.com : p. 161

© Adobe Stock : p. 11, 26, 29, 40, 56, 78, 100, 121, 127, 130, 176

Groupe éditorial PIKTOS – 355 rue de la Montagne Noire – 31750 Escalquens

Tél. (+33) 05 61 00 09 86 - contact@piktos.fr

www.editions-quintessence.eu

ISBN 978-2-35805-262-7

Sébastien **CAZAUDEHORE**

L'APOLOGIE DE LA MORT

Apprendre à mourir, dépasser ses peurs pour mieux apprendre à vivre

Éditions Quintessence

Avertissement

L'éditeur et l'auteur déclinent toute responsabilité quant aux possibles mauvaises interprétations des conseils et utilisations prodigués dans cet ouvrage, celles-ci étant données à titre d'information.

Les expériences décrites dans le texte sont à approcher avec circonspection, dans un cadre professionnel d'accompagnement par des personnes qualifiées.

L'utilisation de psychotropes peut avoir des conséquences très graves.

L'ambassade de France met en garde les voyageurs contre la consommation de Ayahuasca, plante hallucinogène utilisée par les chamanes en Amazonie, inscrite au registre des stupéfiants en France. L'usage de l'Ayahuasca peut avoir des conséquences médicales graves, susceptibles d'entraîner la mort.

Introduction

Chaque jour, nous vivons nos vies avec le spectre de la mort au-dessus de nos têtes. Elle est partout. Parfois nous essayons de la banaliser en nous racontant des histoires où elle touche des personnes qui vivent loin et que l'on ne connaît pas. Puis on nous la ramène dans notre quotidien, quand les informations nous rappellent chaque jour que nous pourrions être les prochains sur la liste, découvrant toujours de nouveaux dangers aptes à attirer son attention sur nous. Tout est fait pour nous rappeler son existence invisible, comme si l'on voulait exacerber son importance presque diabolique dans chaque instant de notre vie. Depuis le moment où nous sommes en âge de nous préoccuper de notre propre finalité, nous devons toujours garder à l'esprit qu'à n'importe quel instant, nous pouvons être « fauchés par le croche-pied rigolard de la mort imbécile » comme le disait Desproges avec humour.

Face à cette réalité omniprésente, nous sommes confrontés à un choix : est-ce que l'on prend le risque de vivre avant de mourir, où doit-on se faire tout petit pour se faire oublier de la mort le plus longtemps possible ? Mais alors… nous devrions vivre dans la peur de la mort, et même dans la peur de vivre. Étrangement, beaucoup choisissent de nier cette réalité plutôt que de vivre dans la peur, et font tout pour distraire leurs esprits, les éloigner de cette réalité inéluctable. Comme doit-on vivre avec cette épée de Damoclès au-dessus de nos têtes ? Beaucoup promettent monts et merveilles dans l'au-delà pour les personnes qui vivent leurs vies selon leurs préceptes, mais les promesses et les préceptes ne sont jamais les mêmes… Que peut-on espérer atteindre lorsqu'on dépasse cette frontière ultime ? Cette notion de mort a intéressé les penseurs, les philosophes, les religieux et les scientifiques de toutes les époques de l'histoire de l'humanité : pour tenter de déterminer s'il y a bien quelque chose après l'instant où le doigt de la grande faucheuse nous touche, mais aussi pour comprendre les processus de mort et leur réalité dans la vie des vivants.

Et si tout cela n'avait aucune importance finalement ? On nous dit que l'illusion se trouve dans les rêves, ou on nous dit qu'elle se trouve dans le monde dans lequel nous vivons, que la vraie vie commence après la mort ou au contraire qu'elle s'arrête avec le dernier battement du cœur… personne n'est d'accord, et certains sont même prêts à se battre sur ces sujets. Et si tous avaient raison ? Dans cet ouvrage, nous avons voulu nous éloigner de ces considérations et aborder cette notion de mort comme on parlerait d'une amie chère, d'une amie qui nous veut du bien et qui ne cherche qu'à nous aider à chaque instant de notre vie à trouver notre voie pour enfin, un jour, venir la retrouver avec joie et plaisir. Et si finalement la vie n'était qu'un grand entraînement à mourir correctement et la mort la véritable opportunité pour accéder à une vie riche et heureuse ?

C'est ce que propose cet ouvrage, une découverte de ce qu'est vraiment la mort et comment dans nos sociétés occidentales, elle a peu à peu quitté la réalité des vivants pour devenir presque tabou, alors que dans d'autres cultures on apprend à vivre avec elle et à la célébrer dans la joie. En tant que tabou, nous vivons avec la polarité négative de la mort, celle qui nous plonge dans la peur de vivre vraiment et dans un fatalisme pathologique. Nous voudrions ici vous donner une autre image de la mort, celle d'un moteur de la vie, celle d'un processus indispensable et souhaitable, et dont on peut reproduire les fonctionnements dans différents aspects de notre vie de tous les jours afin de bénéficier de ce qu'elle peut nous enseigner. Apprendre à faire mourir certaines parties de nous pour nous enrichir et nous libérer de la peur.

Ce livre est une évolution depuis l'idée d'une finalité vers une capacité de renaissance à chaque instant de notre vie, pour apprendre à vivre en sachant bien mourir et discerner ce qu'il convient de laisser mourir en nous, pour toujours vivre mieux.

La mort physique et comment elle est vécue

> « J'avais déjà décidé de poursuivre mes recherches, car il me semblait, dans mon innocence, que l'incertitude était pire que tout, même si la vérité était terrible. »
>
> H. P. Lovecraft, *La peur qui rôde* (1923)

Comment peut-on parler de la mort physique d'une personne ou même de la mort physique et spirituelle en général ? Vraisemblablement les seules personnes qui seraient à même de rapporter l'intégralité de cette expérience sont justement celles qui ne sont plus là pour le faire. Certains argueraient que des médiums en contact avec les âmes des défunts ont pu réussir à avoir les récits de cette expérience et à les partager avec nous autres vivants. Mais dans un souci d'objectivité, nous allons volontairement écarter ce type de sources d'information, déjà parce que cela ne constitue pas une information de première main, mais aussi parce qu'il est presque impossible de savoir si ces informations sont réellement venues d'un contact avec l'âme d'un défunt ou s'il s'agit d'une construction archétypale de la part du médium. Notez malgré tout que si nous devions donner un avis personnel, nous serions enclins à accepter certains de ces récits, déjà du fait d'une longue expérience chamanique, mais aussi du fait qu'il existe une certaine cohérence que l'on retrouve dans toutes ces informations.

De ce fait, la seule source « tangible » qu'il nous reste pour essayer de nous faire une idée de ce qu'est exactement ce processus de mort et de savoir en quoi consiste cette expérience, se trouvera avec les personnes ayant vécu une NDE (*Near Death Expérience*) ou EMI (Expérience de mort imminente) en français. Depuis de nombreuses années, beaucoup de scientifiques, dont des médecins, psychologues et psychiatres se sont intéressés aux récits des expérienceurs de NDE, encore une fois du fait d'une cohérence dans les récits qui étaient rapportés. L'époque où l'on attribuait ces récits à des délires induits par un cocktail de molécules endogènes ou exogènes est bien loin.

Les recherches qui ont été menées au fil des décennies et qui ont permis de collecter un nombre impressionnant de ces récits d'expérience de mort donnent, si on s'intéresse uniquement aux éléments qu'ils ont en commun, une fenêtre particulièrement intéressante sur ce que peut être cette expérience. Évidemment, et nous le verrons en détail, ces récits ne permettent que de s'en faire une idée qu'en tant que transition entre deux états, les expérienceurs de NDE n'ont aucune idée de ce qui se trouve au-delà de cette phase intermédiaire. Nous considérons donc ces expériences uniquement comme une transition, la mort réelle et effective se produisant lorsqu'une certaine limite est franchie et qu'il n'y a plus de retour possible… et donc pas de témoignage possible.

Dans un premier temps, nous allons distinguer deux aspects : la mort physique et la mort spirituelle, afin de déterminer quels sont éléments qui les différencient, ou s'il y a même quelque chose qu'ils ont en commun. Si l'on doit aborder un tel sujet tout en respectant, autant que possible, une volonté d'objectivité, il nous faut donc trouver une source d'information qui nous permette cela. De notre point de vue, les expériences de NDE, rapportées par des professionnels de santé (médecine, psychologues et psychiatres par exemple) constituent une source accessible et un excellent point de départ.

Fig.1: La lumière blanche au fond du tunnel

Les NDE

> « Nous aurions dû savoir depuis le début
> que la curiosité humaine est inépuisable,
> et que nos résultats officiels suffiraient
> à encourager les hommes dans cette sempiternelle
> poursuite de l'inconnu. »
>
> H. P. Lovecraft, *Les montagnes hallucinées* (1931)

Les NDE sont étudiées, de manière scientifique, depuis plusieurs dizaines d'années, éloignant définitivement ces occurrences de la possibilité d'être rejetées comme étant de simples affabulations. Encore aujourd'hui, il existe deux approches philosophiques extrêmes et opposées en ce qui les concerne, et qui viennent nuire à cette solide réputation. Ces visions sont d'une part la position matérialiste-réductionniste, et d'autre part la position spiritualiste-inflationniste. La première voudrait aborder les NDE comme une expérience simplement hallucinatoire, des hallucinations induites par divers biais et dont la réalité n'a rien à voir avec ce que pourrait être l'expérience de mort. La deuxième approche au contraire tend à considérer qu'il s'agit d'une expérience purement spirituelle qui ne devrait en aucun cas être abordée par un biais scientifique, incapable d'étudier un tel phénomène, et même si une telle étude se déroulait dans le plus profond respect des personnes et avec une large ouverture d'esprit (malgré tout nécessaire, même pour un scientifique, lorsqu'il navigue dans de telles eaux).

Si l'on s'éloigne quelque peu de ces positions extrêmes, nous découvrons des études fascinantes qui s'appuient sur des milliers de témoignages venant du monde entier, rigoureusement sélectionnés pour être certain d'en éliminer les plus douteux, et tentant toutes d'analyser ce voyage, cette transition entre la vie et la mort. La raison principale qui a permis la naissance de cette science, et pour laquelle de nombreux scientifiques s'y sont intéressés, tient au fait qu'il existe une incroyable cohérence dans ces récits, qu'ils viennent de France, des États-Unis, d'Inde ou d'ailleurs. Cette cohérence se retrouve non seulement dans la nature de l'expérience en elle-même, mais aussi dans les détails qui la composent. Aujourd'hui, rares doivent être les personnes qui n'ont pas une idée précise de ce que peut vouloir dire « *la lumière blanche au fond du tunnel* ».

Une considération essentielle à laquelle ces chercheurs ont dû faire face est de savoir quel crédit il était possible de donner à ces témoignages. Ils se sont rapidement rendu compte d'une chose : les expérienceurs eux-mêmes étaient souvent récalcitrants à l'idée d'aborder ce sujet, étant les premiers à douter de leur propre expérience. L'être humain cherche toujours à maintenir son intégrité physique, ainsi que l'intégrité de ses structures mentales. Accepter de corroborer et de donner foi à ses propres observations dans un tel contexte, reviendrait souvent à accepter de remettre beaucoup de choses et de croyances en question, de s'exposer au rejet de certaines personnes, à la peur des conséquences de ce que cela pourrait impliquer…

Donc lorsqu'une personne accepte de partager cette expérience, elle le fait déjà très souvent sur la base d'une réserve qui n'a rien à voir avec la pudeur. Le simple fait d'accepter de partager cette expérience revient à accepter sa réalité et ses implications. Ces personnes auront alors naturellement tendance à éliminer d'elles-mêmes les éléments qu'elles jugeront dissonants (c'est-à-dire tout ce qui leur semblera délirant, excessif, possiblement ridicule… en fonction des croyances de chacun), ce qui constitue évidemment un ensemble d'informations en soi. Cela complique d'autant plus le travail de ces chercheurs qui doivent avoir les informations les plus complètes possibles et qui devront chercher ces éléments mis de côté tout en s'assurant qu'ils ne vont pas risquer de les suggérer. Toutes ces collectes de récits vont ensuite permettre de recouper les différentes informations, et même de les étudier d'un point de vue statistique. Cette approche statistique pourrait paraître un peu stérile et froide pour quelque chose d'aussi éloigné d'une réalité quantifiable, mais elle a eu le mérite de mettre en lumière le fait que parmi les milliers d'expérienceurs de NDE, de nombreux éléments de ces récits étaient communs à une majorité de personnes.

On parle d'invariance et de multiplicité des expériences de NDE. Prenons un exemple concret, si la majorité des expérienceurs de NDE rapportent avoir eu une impression de mouvement, de déplacement, tous ne l'ont pas vécu de la même manière : certains vont parler d'être arraché ou aspiré, d'autres d'une ascension à une vitesse vertigineuse, qu'ils flottaient, volaient ou planaient… L'étude statistique permet d'extraire de toutes ces perceptions, de tous ces mots choisis et ces descriptions, une trame commune, un élément commun qu'est cette sensation de déplacement, très largement acceptée comme étant verticale, vers le haut et souvent à grande vitesse. D'une donnée statistique découle finalement une clef essentielle, un ensemble d'éléments communs à tous les expérienceurs, quel que soit leur sexe, leur âge, leur culture ou nationalité. C'est aussi cela qui est venu donner un crédit énorme aux récits de NDE et aux chercheurs qui étudient ce phénomène.

Si nous devons, dans cet ouvrage, aborder les notions d'expérience de mort avec la même objectivité dont ont fait preuve tous ces chercheurs, il nous faut rappeler un point essentiel, une notion fondamentale : une NDE (Expérience de Mort Imminente) n'est pas une expérience réelle de mort, elle est l'expérience de la transition entre la vie et la mort, cette partie du voyage, après la vie, qui nous emmène vers la mort, mais sans l'atteindre. Sachant bien que l'on parle de « Mort Imminente » et pas de mort simplement, ces expériences et ces récits parlent donc de tout ce qui se passe avant. Il existerait donc une ou plusieurs « zones » entre ces deux états distincts. La mort réelle serait donc cette frontière, cette porte que l'on franchit et dont il est impossible de revenir, alors tout ce qui se passe avant n'est qu'une transition. Si l'on peut revenir à la vie, c'est que l'on n'était pas mort. Cela pourrait paraître ridicule de formuler cela ainsi, mais c'est aussi parce que dans nos cultures surmédicalisées nous sommes psychologiquement très attachés à la notion de mort du corps comme étant l'instant définissant le point de non-retour : *il n'y a plus de pouls, la personne est morte* ; sans considérer la possibilité de distinction entre la mort du corps et ce qu'il advient de l'esprit, et encore moins le rôle de cet esprit/âme dans cet état de mort.

Donc, notre besoin d'objectivité nous force à considérer qu'il n'est possible de proposer ces témoignages comme des « faits » concrets que si l'on considère qu'ils traitent de cet état transitoire et non de la mort en elle-même.

Il existe plusieurs types de NDE que les spécialistes nomment de différentes manières, comme *NDE caractérisée* (ce qui est considéré comme étant la plus complète et intense), *NDE limitée ou petite NDE*, ou même *pseudo-NDE*. Ces différentes déterminations se sont faites en fonction du nombre d'éléments communs que l'on retrouve chez les différents expérienceurs, et qui seront considérées comme étant les plus caractéristiques : OBE[1], passage, déplacement vers la lumière, expérience de la lumière, accès à une autre dimension, rencontre d'entités, visions d'une porte ou d'un portail, voix tonitruante qui renvoie la personne vers son corps, etc.[2] Ces déterminations qualitatives et quantitatives traduisent d'une certaine manière l'intensité de l'expérience, à quel point elle a été complète[3]. Ce point est intéressant puisque cela a amené les scientifiques à poser la question importante de savoir si l'imminence de la mort est une condition réellement nécessaire pour qu'une personne ait une NDE (sans spéculer sur le fait de savoir si elle est complète ou pas). Beaucoup de témoignages relatent ces expériences chez des gens qui n'ont en aucun cas frôlé la mort, sans qu'aucun signe de détresse physique n'ait été remarqué. En revanche, dans ces cas, il

1. OBE est l'acronyme généralement utilisé pour exprimer le phénomène de décorporation, voyage astral, voyage hors corps. Cela vient de l'anglais : *Out of Body Experience*.

2. Une NDE caractérisée est considérée comme comportant trois ou plus de ces différents éléments, généralement les premiers de la liste au moins.

3. Il existe évidemment un point important à prendre en compte : certaines personnes ayant eu une expérience de NDE n'ont aucun souvenir de cette expérience, ou seulement partiel. Cette perte de mémoire pouvant parfois être due à la prise de certaines molécules chimiques. Donc, ce n'est pas tant que la personne aura vécu une expérience incomplète, mais plutôt qu'elle n'a plus aucun souvenir de certaines parties. Il convient donc d'être très prudent lorsque l'on catégorise les différents types de NDE puisque c'est finalement le souvenir qu'une personne en a qui sera catégorisé.

a aussi été constaté que les récits s'apparentaient le plus souvent à des NDE limitées ou des pseudo-NDE, qu'à des NDE caractérisées. Compte tenu du grand nombre de ces récits, et en appliquant à nouveau une étude statistique, une première conclusion intéressante a pu être proposée : il y a plus de chances d'avoir une NDE caractérisée, importante et complète, si l'on est réellement proche de la mort, mais un stress psychologique suffit à la provoquer. Ce qui amène à considérer une notion de déclencheur qui est particulièrement intéressante pour notre propos dans cet ouvrage comme vous allez rapidement le comprendre au fil des chapitres suivants. En effet, il faut considérer que la sensation de mourir ou la certitude d'être mort peut alors devenir un déclencheur en soi. Considérons une personne, simplement sous anesthésie qui assimile une OBE à l'idée qu'elle est morte ou en train de mourir, cela pourra alors devenir le déclencheur qui transforme cette expérience jusqu'à devenir une NDE caractérisée. C'est bien évidemment la difficulté de savoir si l'imminence de la mort est réellement le déclencheur ou si l'impression d'imminence de la mort est suffisante ; est-ce que l'aspect qualitatif de la NDE et la capacité à générer ces manifestations typiques sont déterminés par l'intensité du stress psychologique ? Si c'était le cas, alors, ce n'est pas l'imminence de la mort que sera déterminante, mais la conviction que l'esprit a qu'il est en train de mourir.

La différence est énorme, il serait alors possible de vivre une NDE complète et intense sans qu'elle soit corollaire d'une mort physique. Ce qui semble d'autant plus logique puisqu'il s'agit d'une expérience de ce qui se passe avant la mort. La mort physique est certes la « raison » la plus habituelle et logique pour entreprendre ce voyage, mais c'est loin d'être la seule. Mais qu'en est-il de la réalité de cette expérience ? Qu'est-ce que nous permettrait d'affirmer qu'il ne s'agit pas d'une hallucination basée sur des imageries et des sensations issues de représentations archétypales de l'inconscient individuel ou collectif ?

Dans un ouvrage précédent *Visions chamaniques: l'Ayahuasca et l'imaginal*[1], nous avions abordé ces notions et ces questions, notamment pour ce qui touche à la réalité objective de l'imaginal, cet espace auquel on accède lorsque l'esprit bascule d'un ECO vers un ECC[2]. Lorsqu'une personne fait l'expérience chamanique

1. *Visions chamaniques: l'Ayahuasca et l'imaginal*, Sébastien Cazaudehore, Véga.
2. État de Conscience Ordinaire et État de Conscience Chamanique.

avec l'absorption de l'Ayahuasca ou d'autres enthéogènes[1], elle fera souvent l'expérience (encore une fois selon l'intensité de l'expérience en elle-même) des différents « symptômes » d'une NDE : OBE, impression d'être aspiré vers le haut, vision de lumière intense et même de tunnel parfois, rencontre avec des entités telles des personnes défuntes… bref, tout ce qui caractérise une NDE complète sans qu'il n'y ait la moindre notion de mort physique, d'imminence de mort, ni même de certitude de mort.

Est-ce qu'alors toute cette notion de NDE ne serait pas finalement qu'une simple expérience induite chimiquement, que cela soit en utilisant les molécules produites par le corps en situation de stress ou parce qu'on lui aura fourni ces molécules par un apport extérieur ? La vraie question concernant les NDE, et ces expériences de voyage dans cet espace menant à la mort en général, sera alors finalement très différente : est-ce que les personnes qui vivent ces moments, qu'il y ait imminence d'une mort physique ou pas, sont en train de vivre une expérience objective, spirituelle, mystique, qui reflète la réalité de ce qu'est cette transition vers la mort, ou est-ce que tout cela est dû à une supercherie physique ? Il devient alors possible de considérer que les expériences ont été vécues de manière profondément spirituelle, que les expérienceurs ont pu glaner une vision de l'au-delà, de cette vie après la mort (ou en tout cas en chemin vers la mort) ; mais il sera tout aussi plausible qu'il s'agisse d'une simple interprétation de phénomènes physiques qui se manifestent du fait de dérèglements physiologiques et autres dysfonctionnements somatiques. Cela correspondrait à un principe de synchronicité subjective lorsque l'on attribue un signifié subjectif, dépendant d'une interprétation reposant sur des conceptions personnelles, à un signifiant.

1. *Un enthéogène est une substance psychotrope induisant un état modifié de conscience utilisée à des fins religieuses, spirituelles ou chamaniques. Les enthéogènes regroupent un grand nombre de plantes et champignons, ainsi même que certains venins d'animaux qui possèdent des propriétés psychotropes dont on peut dériver les substances actives. Les enthéogènes sont employés depuis plusieurs milliers d'années et sur tous les continents, on les retrouve dans le chamanisme et lors de pratiques de guérison, de transcendance, de révélation, de méditation, dans des rituels initiatiques divers et aussi dans le psychonautisme.* (Wikipedia). **En-Théo-Gène, qui génère le divin en soi**.

L'avocat du diable

Ces questions étant posées, nous allons donc nous faire l'avocat du diable (ce qui vous donne déjà une idée de notre position intellectuelle sur la question) et considérer que tout ceci est une vaste supercherie liée à de simples manifestations physico-chimiques du corps humain. Oublions un instant toute considération spirituelle ou mystique et penchons-nous sur la possibilité que tout ce qui est vécu lors d'une NDE ou de n'importe quelle autre expérience qui s'y rapporte, n'est qu'un ensemble de manifestations purement physico-chimiques.

Si l'on accepte cette notion, cela voudrait dire qu'il serait possible de reproduire ces différentes manifestations en laboratoire, par exemple en utilisant différents cocktails de molécules pouvant agir sur différentes parties du corps et du cerveau. Un premier point intéressant est que certaines manifestations, propres aux NDE, se retrouvent lors d'expériences chamaniques pratiquées avec l'Ayahuasca (Sensation de s'élever très rapidement vers le haut, décorporation ou OBE, froid intérieur intense impossible à réchauffer[1], rencontre avec des entités, personnes décédées ou autres...).

Comment différencier ce qui relève de la manifestation physique interprétée comme étant une expérience mystique ou spirituelle et ce qui se situe vraiment hors du domaine du physique, dans le transpersonnel ? Considérons que pour toutes ces expériences, ce type de stress psychologique, allié aux molécules actives présentes dans le breuvage, constituent un facteur commun. Ces éléments conjugués (ou même pris individuellement, mais dans une moindre mesure évidemment s'il n'y a que le stress) ont la capacité de générer différentes réactions chimiques dans le corps pouvant entraîner des manifestations comme les sensations de mouvement et d'accélération lorsque les taux de Sérotonine sont particulièrement importants[2] ou qu'une anxiété est élevée, ce qui va entraîner une perturbation du système vestibulaire dans l'oreille interne. Mais même si nous penchions pour l'explication du tout chimique, il serait important de bien préciser que toutes les expériences avec des psychotropes

1. Ce que beaucoup d'expérienceurs de NDE décrivent comme étant le froid de la mort qui s'immisce en eux.

2. Ce qui est généralement le cas avec une prise de Ayahuasca, la irMAO qu'elle contient permettant d'empêcher le corps de détruire la Sérotonine.

ne mènent pas à des expériences spirituelles. Toutes les molécules psychotropes vont générer des sensations et entraîner une expérience, mais toutes ces expériences n'auront pas forcément de sens spirituel ou mystique. C'est le cas avec les enthéogènes, mais beaucoup plus rarement avec des drogues de synthèse. Donc, il y a un chimique simple et un chimique spirituel d'une certaine manière, en tout cas selon les retours des expérienceurs.

Si l'on considère ces manifestations perçues lors de ces expériences comme étant de simples manifestations liées à des interactions chimiques « perturbant » des processus somatiques normaux, alors elles existent hors du cadre de l'expérience spirituelle. Mais cela ne veut pas pour autant dire qu'elles ne sont pas corollaires de l'expérience et que cela nous force à rejeter la réalité spirituelle de cette expérience. En effet, le fait d'accepter ces manifestations comme des symptômes liés à la mise en place de certains phénomènes physiologiques consécutifs à ces processus expérientiels, ne remet pas en cause cette réalité. En revanche, cela remet en question la possibilité d'affirmer avec certitude que la sensation de s'élever se manifeste parce que c'est l'âme qui quitte le corps pour s'élancer vers un autre monde, ou parce que la perturbation de l'oreille interne, provoquant une sensation de mouvement et d'accélération est un symptôme lié aux premières étapes d'une telle expérience.

Dans le premier cas, nous sommes en présence d'un principe de synchronicité subjective menant à des conclusions tout aussi subjectives sur lesquelles il serait difficile de s'appuyer si l'on veut maintenir un peu d'objectivité scientifique en s'intéressant à la question. Comme nous le mentionnions précédemment, la synchronicité subjective consiste à lier des faits objectifs, « la sensation de mouvement et d'accélération alors que le corps reste immobile », et un fait subjectif; « s'il y a mouvement et que le corps est immobile c'est qu'autre chose est en mouvement », menant à une interprétation subjective: « mon esprit ou mon âme est en mouvement ». Comme vous le constatez facilement, cette interprétation subjective ignore la possibilité d'un fait objectif simple: « mon oreille interne est sacrément perturbée et ne fonctionne pas normalement ».

Cela va donc soulever une nouvelle interrogation: est-ce que l'expérience repose sur un ensemble d'interprétations de faits subjectifs menant à des synchronicités tout aussi subjectives? En clair, pense-t-on que l'on vit une expérience exceptionnelle parce que l'on interprète mal des dysfonctionnements de notre corps ? Évidemment, il est tout aussi possible de considérer que ces manifestations de dysfonctionnements ou de fonctionnements exceptionnels de processus somatiques sont des symptômes caractéristiques de l'expérience. Elles font, en tant que symptômes, partie intégrante et intrinsèque de l'expérience elle-même, devenant par là même des étapes permettant de jauger de l'avancée d'une personne au cœur de l'expérience. On serait même en droit de se demander si ce n'est pas le symptôme lui-même qui cause l'expérience objective, que c'est la sensation qui déclenche l'échappée de l'esprit. Il y a donc une double réalité, une réalité chimique objective et une réalité de sens qui se construit en fonction des interprétations des sensations perçues, donc une réalité subjective.

Si l'on accepte ces manifestations comme étant liées directement à l'expérience, on se retrouve avec la même problématique que l'œuf et la poule ; est-ce la sensation de mouvement qui initie le mouvement de l'esprit/âme ou est-ce que le dysfonctionnement de l'oreille interne se fera spécifiquement dans le sens d'un mouvement vertical parce que l'esprit suit cette voie ? Ou encore, est-ce que l'esprit ou l'âme ne quitte jamais l'espace intérieur, mais est victime d'une supercherie le poussant à manifester ce qu'il interprète comme étant un mouvement vers l'extérieur ?

Ces questions ont fait couler beaucoup d'encre, c'est certain, mais sans qu'il soit réellement possible d'apporter une réponse définitive. Tout se situe dans le domaine de la spéculation. Certes, il existe des faits objectifs. Si l'on reste sur notre exemple, la sensation de mouvement et d'accélération est objective, l'oreille interne émet un signal (erroné c'est certain puisque le corps est allongé et immobile dans la plupart des cas) qui est interprété par le cerveau comme étant une sensation de mouvement (oui, la sensation est subjective au moins dans son interprétation, mais objective dans son ressenti). Cela ne veut en aucun cas dire qu'il n'y a pas de mouvement de l'esprit hors du corps, ni même que cette capacité de déplacement, les OBE, n'est pas une capacité naturelle de l'esprit qui est tout à fait normale[1]. Si l'on accepte l'imaginal comme une réalité objective, il convient alors d'accepter que l'esprit ait la capacité de s'y déplacer,

1. Il faut aussi mentionner le fait qu'à un certain point de l'expérience, le sujet a la sensation d'être totalement déconnecté du corps, comme s'il ne percevait plus les influx des organes des sens, mais était uniquement connecté aux perceptions de l'imagination agente.

même en dehors de son espace intérieur normalement limité par les frontières du corps physique. Cela pourra sembler être une acceptation un peu rapide de notre part, mais cette objectivisation de l'imaginal, et par extension de la capacité de déplacement de l'esprit, se base sur des aspects plus « solides » que nous allons aborder plus loin.

Dans les récits de NDE qui ont pu être recueillis au fil des années, beaucoup de personnes ont fait des descriptions, souvent très précises, de ce qu'elles ont pu voir lors de ces OBE, parfois à des endroits éloignés de l'endroit où se trouvait leur corps. Certains récits étant vérifiables et parfois même vérifiés (même si nous dépendons encore une fois du fait qu'une personne externe a fait cette vérification, mais ne remettons pas en doute leur intégrité et leur bonne foi), cela irait effectivement dans le sens d'une capacité de l'esprit à se déplacer hors du corps. Mais il faudra alors différencier plusieurs choses : les déplacements hors du corps, les déplacements dans la zone qui se situe entre la vie et la mort, les sensations qui accompagnent ou pas ces déplacements... bref, plus nous allons creuser ces questions, plus nous allons en soulever de nouvelles, et le sujet devient d'une complexité telle que l'on en viendrait à se demander s'il existe vraiment deux expériences similaires... la réponse serait non, bien évidemment.

De cet argumentaire de l'avocat du diable, force est de constater qu'il est très difficile d'avancer des certitudes, mais paradoxalement et puisque l'on ne peut pas non plus rejeter la réalité des expériences et l'impact qu'elles ont sur les expérienceurs, cela conforte dans le fait que la réalité subjective (dans le sens où elle est non vérifiable) de l'expérience est ce qui a le plus d'importance finalement, car même subjective, une réalité de sens, sera vécue et intégrée comme étant objective. À tous les égards, si l'on accorde une telle importance à une réalité, si subjective soit-elle, les conséquences et tout ce qui en découlera auront une importance très objective. Depuis des milliers d'années, des civilisations, des penseurs, philosophes, chamanes, religieux se sont penchés sur ces mystères pour essayer d'apporter des réponses et des certitudes, tout comme essayent de le faire les chercheurs et scientifiques aujourd'hui, et tous semblent s'accorder sur un point : tout ce qui est lié à ce cheminement vers la mort, tout ce qui se trouve dans cette zone intermédiaire, est lié à des expériences qui dépassent de loin le simple cadre d'une objectivité somatique. Il existe une réalité subjective qui devient parfaitement objective si on accepte de l'aborder d'un point de vue spirituel, de l'existence d'un au-delà où perdure l'esprit d'un défunt sous une forme ou sous une autre. Comme nous le verrons dans un chapitre ultérieur, cette vision a tendance à aller à l'encontre des conceptions philosophiques occidentales habituelles. Mais compte tenu du fait qu'elle perdure depuis des milliers d'années au fil de l'histoire et des cultures, il serait inconcevable de la rejeter en se basant uniquement sur une simple position philosophique qui consiste à réfuter cette vision simplement parce qu'elle n'appartient pas au monde sensible et qu'elle n'est pas quantifiable.

L'importance de l'expérience de mort

Outre cette question, assez troublante il est vrai, de savoir si notre existence se poursuit après la mort du corps physique (et sachant que c'est probablement ce qui a amené à l'émergence des religions, le moins que l'on puisse dire est qu'il s'agit d'une question importante), il convient de se demander pourquoi, encore aujourd'hui, nous continuons de nous intéresser autant à ces aspects alors que cela fait des millénaires que l'on ne trouve pas de réponse. Même cette discussion que nous avons proposée avec certaines des questions que nous avons soulevées, ne fait pas avancer la cause dans un sens ou dans l'autre sachant qu'il n'est vraiment possible de vérifier qu'en étant mort. Finalement la majorité des terriens semble d'accord pour dire qu'il y a quelque chose après la mort (ou en tout cas qui souhaite et espère que c'est le cas) ; les récits d'expériences de NDE semblent démontrer qu'il y a une existence de l'esprit même après la mort (temporaire) du corps, et au moins jusqu'à ce qu'il atteigne une certaine frontière passée laquelle il n'y a plus de retour possible à la vie. Ensuite, tout semble se passer hors du monde sensible, donc hors d'atteinte de toute possibilité de mesure ou d'expérimentation. Alors pourquoi d'acharner à étudier et s'interroger sur ces aspects ?

Selon nous, cela serait aussi dû à l'importance que l'expérience en elle-même revêt pour chacun. Comme on le retrouve dans beaucoup de philosophiques orientales, ce n'est pas la destination qui importe, mais le chemin que l'on parcourt. Avec ces expériences de mort imminente, ou apparentées à des expériences de mort imminente, c'est l'expérience en elle-même qui est importante, bouleversante, capable de remettre la vie d'une personne en perspective, d'induire un changement total de paradigme (notamment du fait que l'on en vient soudainement à acquérir la certitude que le chemin a une destination, même si l'on ne sait pas vraiment à quoi elle peut ressembler).

Qu'une personne soit religieuse ou pas, qu'elle croie ou pas en la possibilité d'une vie après la mort ou pas, n'a aucune importance, l'expérience de mort est vécue avec une grande profondeur et affectera de nombreux aspects de son existence. Il faudra ici distinguer deux types d'expériences : celles qui impliquent une imminence ou une certitude d'imminence de mort physique et les autres. Dans le premier cas, cela impactera grandement divers aspects fondamentaux de la psyché qu'est la notion de la persistance de la vie de l'esprit ou de l'âme après la mort du corps physique. Cela aura deux conséquences très fortes : premièrement, la mort cessera d'être une finalité terrifiante, pour ne plus être qu'un passage, une transition entre deux états ; ce qui sera souvent vécu comme une libération. Et deuxièmement, le retour à la vie à la suite de l'expérience, donnera une nouvelle appréciation de cette vie.

Le fait de frôler la mort et de revenir à la vie provoque souvent un changement de paradigme radical chez une personne qui réévaluera toutes ses priorités et l'importance des différents éléments qui occupaient sa vie jusqu'alors. Elle aura une tendance à s'éloigner de ce qui pouvait nuire à la qualité de sa vie, comme de poursuivre des buts vains et sans enrichissement (travailler toujours plus, plus d'heures, plus dur, pour avoir plus d'argent, une plus grosse voiture…), pour revenir à des choses plus essentielles et plus enrichissantes. Ce principe sera d'autant plus accentué qu'elle aura pu avoir l'impression de revisiter la réalité de sa vie durant l'expérience et qu'elle n'ait pas apprécié du tout le constat. Beaucoup commencent à vivre lorsqu'ils ont conscience de la réalité de la mort. Le but ultime devenant de vivre avant de mourir pour ne pas risquer de mourir sans jamais avoir vécu vraiment. Face à une telle philosophie, beaucoup de choses ne résistent pas à ce constat, à cette réalisation, du fait de leur futilité, inutilité réelle ou de leur incapacité à enrichir la vie d'une personne. Le deuxième aspect, cette libération que nous mentionnions, est aussi très important, puisqu'une personne qui a fait l'expérience de cette réalisation ne vivra plus avec la pression et le fatalisme liés à la finalité de son existence. Beaucoup ne s'en rendent pas compte, mais même s'ils n'ont pas conscience de cette pression, elle existe au moins inconsciemment, influençant de nombreux aspects de leur vie. La disparition de cette pression est donc vécue comme une libération, comme si l'on retirait un poids que l'on n'avait même pas remarqué jusqu'alors. Ces deux aspects s'influencent mutuellement et concourent à un changement profond de paradigme et de représentation interne pour les personnes qui les ont vécus. Cette nouvelle réalité est vécue comme transcendante à tous les niveaux d'existence de la personne, des limites et de leur représentation du moi, elle-même liée à la représentation du corps. Celui-ci devient alors un moi transcendé par l'expérience du « mourir » sans angoisse.

Dans les autres types d'expériences, celles qui se font sans la certitude d'imminence de mort, et selon leur degré d'intensité, les bénéfices seront peut-être moins impressionnants, mais resteront tout à fait exceptionnels et souhaitables malgré tout. Même sans cette perception de la mort du corps physique, l'expérience entraîne souvent un remaniement identificatoire. C'est une transformation de la personnalité corollaire à un état modifié de subjectivité. Cela remet en question toutes les structures de la psyché sur lesquelles l'existence de la personne se basait et qu'elle utilisait pour élaborer sa représentation interne, sa vision du monde et le paradigme dans lequel elle évoluait. Ce remaniement pourrait s'apparenter à un nouveau processus d'identification tel qu'il est vécu par l'enfant qui construit son ego en se basant normalement sur son corps comme médiateur de la réalité. Ici l'expérience présente autre chose que le corps uniquement comme médiateur sur laquelle se construira cette identification, cela ira plus loin. Le sujet s'identifiait jusqu'alors en fonction ce qui était extérieur à lui (l'identification au corps propre ne se faisant normalement qu'au travers du processus d'extériorisation), mais l'expérience ayant détruit d'une certaine manière cette identité de base, une nouvelle identification doit se construire à nouveau, et celle-ci ne se limitera plus à une extériorisation centrée sur le corps ; le sujet aura la capacité d'effectuer cette personnification en fonction d'éléments intériorisés, d'une vision et d'une nouvelle compréhension d'elle-même. Des réalités psychiques deviennent des éléments transcendant le corps réel, pouvant se manifester, penser, ressentir, percevoir, en dehors de lui, et finalement servir de base de construction pour cette identification. Ce n'est jamais le monde qui change, mais notre manière de le voir et de le ressentir. Ce remaniement identificatoire est ce qui change le monde.

La maturation de la psyché humaine peut aussi être envisagée du point de vue de sa capacité à évoluer au-delà d'une compulsion à la répétition, et à ce besoin de maintien d'une certaine homéostasie psychique, pour embrasser l'assomption du manque, du changement, de la séparation. Cette évolution devient la base de la maturation psychique et de l'évolution du Moi au-delà de l'ego figé ; passer d'un fonctionnement comme un système fermé et somatocentré (en comparaison avec un système thermodynamique) à un système ouvert, évoluant dans un principe de réalité. Dans un système fermé, l'idée de la mort est liée au principe du manque, poussant à une volonté d'absence de mouvement et de changement (on ne peut pas fuir ce qui semble être vital ni lutter contre ce qui nous permet de l'atteindre) ; l'individu est déterminé à maintenir son homéostasie psychique, à tout faire pour garantir l'intégrité de ses structures psychiques, il est dans l'observation de la finalité comme une fatalité et agit en conséquence.

Mais la mort, ou même le symbolisme de la mort, dans la plupart des sociétés traditionnelles fait partie d'un processus qui est intégré à différents niveaux de la société et du développement des individus, comme un cheminement même de l'existence : c'est l'initiation qui permet de mourir pour renaître dans un nouvel état, une vie nouvelle, le passage à l'âge adulte, l'initiation chamanique… La mort est alors ce qui permet de se libérer d'un état stagnant et obsolète pour avancer vers une libération. On se libère de forces négatives pour trouver l'accès à la spiritualité et une plus grande compréhension du monde. L'acceptation du changement (et plus encore avec la notion d'acceptation de la mort elle-même) dans l'évolution psychique et spirituelle d'une personne devient liée à sa possibilité d'accéder à une vie plus mature et qui s'enrichira plus facilement. La résistance au changement est généralement liée à une peur, une peur de la mort in fine. Donc même les pseudo-NDE (décidément nous n'aimons pas ce terme, mais nous allons nous en débarrasser rapidement, un peu de patience encore) sont des moteurs du changement et deviennent des rites initiatiques, des rites de passage, lorsqu'elles bousculent les structures en place et induisent un mouvement et un changement dans la vie des personnes.

La bonne nouvelle, c'est qu'il est possible de vivre l'expérience de mort sans qu'elle doive impliquer une mort réelle ni même perçue. L'expérience de mort symbolique remplira parfaitement cet office, certes avec un impact moindre que pour les personnes ayant vécu une NDE du fait d'une mort physique imminente, mais tout à fait assez efficace pour que l'expérienceur puisse en tirer des bénéfices durables. Ces expériences, cette évolution de la psyché, sont différentes de ce que l'on peut obtenir au travers d'un travail psychanalytique ou psychologique. La psychanalyse ou les thérapies psychologiques permettent de gagner une certaine liberté (ou de se sentir plus libre) vis-à-vis de la vie, d'évoluer dans cette vie pour être davantage proche de soi-même, du paradigme actuellement en place. Mais l'expérience de mort va bouleverser cela totalement, on est projeté au-delà de soi-même (parfois indépendamment de sa volonté) pour devenir davantage encore, à se dépasser et évoluer vers un nouveau paradigme.

Cette approche de l'expérience de mort, réelle ou symbolique, que nous abordons ici ne tient pas compte de l'impact qu'elle peut avoir dans la « réalité subjective » des personnes qui la vivent. Encore une fois, nous nous sommes jusqu'à maintenant volontairement cantonnés à des dimensions appartenant au monde sensible et mesurable, mais il est temps d'aborder les réalités subjectives liées à la spiritualité, au transpersonnel et au mystique. Nous les qualifions de subjectives car elles ne sont en aucun cas universelles, chaque culture et même chaque personne pouvant avoir des croyances et des interprétations de ces réalités qui seront très différentes, mais aussi parce qu'il s'agit de réalités qui ne sont pas directement observables. Elles peuvent être partiellement décrites par certains expérienceurs, donc au travers du filtre subjectif de leurs propres représentations internes, ou même théorisées, mais elles restent encore trop éloignées de notre monde sensible, surtout en tant qu'Occidentaux.

Afin d'aborder cette réalité spirituelle et transpersonnelle de la mort, nous allons revenir dans un premier temps aux écrits laissés par des chercheurs antiques et ainsi essayer de comprendre leur vision de la mort en tant que processus de vie.

Les Bardos, le processus de mort

> « Bien que la plupart de nos visions nocturnes ne soient peut-être rien d'autre que de vagues et bizarres reflets de nos expériences à l'état de veille, il en reste néanmoins dont le caractère dépaysant et éthéré ne permet aucune interprétation banale, et dont l'effet vaguement provocateur et inquiétant évoque la possibilité de brefs aperçus dans une sphère d'existence mentale non moins importante que la vie physique, et pourtant séparée d'elle par une barrière pratiquement infranchissable. »
>
> H. P. Lovecraft, *Par-delà le mur du sommeil* (1919)

Il existe de très nombreux écrits traitant de ces aspects liés à la mort et à la nature de l'esprit qui lui survit, et ces notions y sont abordées dans un contexte spirituel plus global ou selon des points de vue particuliers. Celui qui nous a tout particulièrement intéressés est le Bardo Thödol, le livre des morts tibétain. L'intérêt de cet ouvrage est qu'il existe indépendamment d'autres ouvrages bouddhistes et qu'il sert de guide d'accompagnement des morts dans leur voyage au-delà de la vie. Loin de nous l'idée d'essayer de vous imposer la moindre croyance en faisant ce choix d'approche en particulier (nous ne sommes même pas bouddhistes), les croyances n'étant de toute manière valables que pour ceux qui se les forgent. Mais c'est selon nous une approche qui aura justement le bénéfice d'être relativement neutre, sans postulats ou dogmes contraignants, ce qui deviendrait rapidement contre-productif.

Fig. 2: Thangka « roue de la vie »

Nous aurions pu choisir de nous appuyer sur le livre des morts égyptien, certainement bien plus célèbre. Les deux recueils ont pour but d'assister les défunts après la mort du corps physique et leur voyage alors qu'ils entrent dans le monde intermédiaire avant de se fondre dans la matrice originelle. Mais le livre des morts égyptien est présenté dans un contexte magique et comporte un ensemble de techniques centrées sur la fin de la vie sur terre (ce qui nous intéresse moins dans notre propos), ainsi que des rituels pour retarder le processus de mort totale, faire face au jugement avec succès, survivre dans les différents mondes intermédiaires... bref, il y réside une certaine volonté de demeurer hors de portée de la mort véritable à l'aide d'un ensemble de pratiques magiques.

Comme nous le disions, ces deux livres des morts ont une fonction d'accompagnement, des défunts, de les assister dans leur voyage, mais dans le cas du Bardo Thödol, les textes sont récités en présence du corps défunt pour l'accompagner dans son voyage et le guider, mais il sert aussi d'enseignement pour aider les vivants durant leur vie, il présente les étapes traversées dans le monde intermédiaire à la lumière des enseignements du Bouddhisme. Il décrit le chemin qui peut mener de la fin de la vie biologique du corps à une vie éternelle purement spirituelle, le *Nirvāna*. Mais les vivants peuvent aussi recevoir ces enseignements pour aborder les changements qui peuvent se manifester durant leur existence, ces fameux changements de paradigme, ces transitions d'un état vers un autre, vers une conscience plus élevée. Il s'agit donc d'un manuel d'accompagnement des âmes des défunts vers le royaume des morts, pour les guider au travers des différentes étapes qu'ils auront à traverser, mais aussi de préparation des âmes des vivants avant cette transition finale.

Fig.3: Vieux livre de prières bouddhiste dans un monastère du Ladakh

Le Bardo Thödol[1]

C'est cette volonté d'accompagnement qui est particulièrement intéressante avec le Bardo Thödol : les textes ne sont pas là pour aider le défunt à trouver des moyens de repousser la mort ou de se faufiler au travers des différents pièges tendus, mais pour l'inciter à se détacher des attraits de l'incarnation dans la matière. En reconnaissant les illusions créées par le mental, le défunt prend conscience des réalités essentielles qui lui permettront peut-être d'échapper aux réincarnations perpétuelles. La démarche consiste donc à tendre vers une amélioration de la qualité de l'âme pour être le mieux préparé possible au voyage dans le royaume des morts. C'est une démarche essentiellement métaphysique pour que tous, morts ou vivants, dépassent ces illusions du monde qui causent les cycles de réincarnations, pour sublimer la mort et que l'âme accède au *Nirvāna*, la vie spirituelle ultime.

1. Dans un chapitre en fin d'ouvrage, vous trouverez un excellent résumé de toute la pensée véhiculée par le Bardo Thödol, de ses enseignements. Nous vous invitons à prendre connaissance de ces principes pour mieux comprendre le cheminement au travers des différents Bardos.

Le Bouddhisme a été fondé par Siddhârta Gautama il y a environ 2500 ans. Il était issu d'une lignée princière (les Shâkya), mais décida de renoncer aux avantages procurés par sa famille et, après plusieurs années d'ascèse inutile, choisit de se dédier entièrement à la méditation. Après quarante-neuf jours de réflexion profonde sous l'arbre « Bodhi », il perça le mystère de la souffrance et atteignit l'illumination. Siddhârta devint alors un « Bouddha », ce qui signifie un « éveillé », et il commença à enseigner.

Cette doctrine se voulait être une solution philosophique à la douleur et à toutes les problématiques qui lui sont liées. Il n'y avait aucune mention ou spéculation sur l'existence ou la non-existence d'un Dieu, et même si le bouddhisme n'est pas une véritable religion, il est souvent perçu en tant que tel et diffusé dans le monde entier. De cette expérience de l'illumination atteinte grâce à la méditation, Gautama formula sa théorie des « Quatre Nobles Vérités »:

- La vérité de la douleur, comme synonyme de l'attachement à l'existence terrestre, et la captivité de la chaîne des renaissances.
- La vérité sur l'origine de la douleur, notamment l'aspiration et la recherche de joie, désir et possession.
- La vérité sur la cessation de la douleur: la destruction de la soif existentielle.
- La vérité sur le chemin qui mène à la cessation de la douleur. Cette voie s'appelle le « Noble Sentier Octuple » dont les huit étapes sont les suivantes: La compréhension juste. La pensée ou l'intention juste. La parole juste. L'action juste. Les moyens d'existence justes. L'effort juste. L'attention juste. La concentration juste.

Chacun peut parvenir à l'illumination en suivant ce « noble sentier octuple ». Nous vous avons d'ailleurs donné, à la fin de cet ouvrage, le détail de l'*Ānāpānasati*, la méditation qui avait été utilisée par Siddhârta pour atteindre l'illumination. Même de notre position, où nous avons travaillé à ces questions durant des années durant notre activité chamanique avec l'Ayahuasca, nous voyons beaucoup d'avantages à faire ces expériences par le biais de la méditation, nous reviendrons sur ces raisons, notamment dans le chapitre en question.

Le Bardo Thödol, est un ouvrage composé en se basant sur les enseignements du Bouddhisme Mahayana, dans son expression tibétaine particulière appelée Vajrayana, l'un des trois courants dans la pratique du Bouddhisme. Dans la tradition bouddhiste tibétaine, et particulièrement en ce qui concerne le cycle des réincarnations, il y existe six mondes et six époques de la vie. Il y a aussi six passages à franchir pour se libérer du cycle perpétuel des réincarnations et atteindre l'état de bouddha afin d'accéder au *Nirvāna*. Trois concernent les vivants, entre le moment de la naissance et celui de la mort ; les trois autres entre le trépas et la nouvelle naissance. Le Bardo Thödol contient les instructions nécessaires pour parcourir ce chemin, et même s'il semble insister particulièrement sur la seconde partie, les six Bardos sont essentiels dans ce cycle de la vie.

Le mot bardo (littéralement, « *bar* » qui signifie « entre », et « *do* » « île », ou « marque ») désigne un espace entre les choses, un état intermédiaire ou même l'incertitude. C'est l'intervalle, la transition qui existe entre deux états définis. Certaines personnes comparent un bardo à l'instabilité qui existe entre deux pas lorsque l'on marche, cet instant où l'équilibre est incertain lorsque les deux pieds ne sont plus posés au sol, ou même à l'aurore ou au crépuscule qui annonce les changements d'état. Dans le grand processus qui existe entre la mort et la naissance, dans ce cycle des renaissances et des réincarnations, il existe donc six Bardos, six états intermédiaires qui sont comme des rites de passage pour les âmes qui parcourent encore ce cycle :

1. **La vie entre la conception et la mort**. Le premier bardo se situe dans l'intervalle qui existe entre le moment où l'âme entre dans la matrice maternelle et le moment de l'extinction de l'existence physique. Dans la tradition tibétaine, l'âme réincarnée n'est pas vierge à la conception mais marquée par les empreintes karmiques laissées par les actes commis dans les existences passées. C'est la qualité de ces empreintes qui va déterminer la durée de la nouvelle incarnation. Les actes et les hasards de la vie actuelle vont y ajouter leurs propres empreintes.
2. **Le rêve**. Ce deuxième Bardo se situe sur un plan plus subtil, il est l'expression actualisée de toutes ces empreintes karmiques dans le corps mental. Dès la naissance, l'âme incarnée prend conscience du monde extérieur à travers les sens. Durant le sommeil, ces parcelles de conscience rejoignent la conscience basale (*alaya vijnâna*). Elles s'éveillent et déterminent les types et la nature des rêves. Elles marquent la conscience de base puis se résorbent en elle.

3. **La concentration**. Le troisième Bardo est l'espace dans lequel agit le processus purificateur volontaire de concentration et de méditation qui pourra permettre à la qualité divine de l'âme de s'exprimer. C'est dans cet état intermédiaire qu'il devient possible d'agir pour améliorer son karma et s'échapper du cycle des réincarnations.
4. **L'agonie**. Le quatrième Bardo, le *Tchika Bardo* ou Bardo de l'agonie, est celui des moments entourant la mort. Le moment de la mort survient quand le karma est épuisé. L'âme et le corps mental se séparent du corps physique et il n'y a plus de réveil. Le processus de mort dure environ trois jours et demi. C'est la période des dissolutions.
5. **La luminosité**. Le cinquième Bardo est dit de la *Dharmatä*. C'est celui de la nature intrinsèque de la réalité absolue ou divine. Après la dernière dissolution, l'âme expérimente la lumière, l'ineffable clarté de la divinité ultime. Pour les mystiques, cette période peut durer très longtemps, mais pour les êtres ordinaires, elle s'efface aussitôt pour faire place au dernier Bardo.
6. **Le devenir**. Le sixième Bardo est le Bardo de l'orientation. C'est un passage dramatique qui détermine l'avenir prochain de l'âme du défunt. Son corps mental va s'orienter dans des états infernaux purificateurs ou paradisiaques. En fonction de l'évolution des charges karmiques réalisée dans la vie achevée, la nouvelle naissance va se faire, soit dans un corps physique éventuellement encore plus grossier, soit dans un corps mental plus subtil.

Donc trois Bardos pour les vivants et trois Bardos pour les défunts. Ce que l'on pourrait être amené à penser, c'est que les expériences de mort, dans leur version limitée, se déroulent dans les deuxième et troisième Bardos, « le rêve » et « la concentration ». Mais nous serions plus probablement enclins à penser que toutes, complètes et intenses ou pas, dues à une imminence de mort ou pas, appartiendraient au Bardo de l'agonie, le *Tchika Bardo*, même si la notion faite d'un karma épuisé et de l'impossibilité du réveil suggérerait plutôt qu'il s'agisse d'un espace d'où il n'y aurait pas de retour possible. Lorsqu'une personne aborde ces zones durant une NDE par exemple, son propre Karma n'est pas épuisé, il n'atteindra donc pas cette frontière.

Le cheminement du défunt selon le Bardo Thödol

Vous aurez bien compris que sous couvert de parler des processus de mort et de cheminement de l'âme, le Bardo Thödol, comme notre présent ouvrage, s'intéresse aussi beaucoup à tous les processus de mort symbolique auxquels sont confrontés les vivants durant leur existence terrestre. Jusqu'à maintenant, nous parlions de NDE, complète, limitée ou même pseudo-NDE, mais en réalité, nous parlons d'expérience de mort tout simplement, sans nécessairement définir la mort comme étant la mort du corps physique.

Nos morts sont certes physiques dans ce grand cycle, mais certains Bardos s'intéressent à toutes les autres morts, plus ou moins symboliques : la mort d'un âge (l'enfance ou même l'âge adulte avant d'entrer dans la vieillesse), la mort d'un projet ou d'une époque de vie, la mort d'une illusion... et bien évidemment, tout cela est apparenté à une mort partielle (dans diverses proportions) de l'ego. Oui, tout cela pour en arriver à cette mort de l'ego, de nos structures psychiques installées, pour renaître dans un nouveau paradigme et avancer plus loin dans la vie et pour préparer cette mort dont nous parle le Bardo Thödol. Chaque texte, chaque ligne de ce recueil peut se lire de ces deux points de vue, celui du mort qui chemine vers la vie et celui du vivant qui chemine vers la mort... Bref, de l'âme qui chemine vers sa propre lumière.

Tout ce cheminement du défunt, tel qu'il est décrit au travers des différentes étapes traversées est marqué par une notion de capacité à reconnaître et à affronter la lumière. Cette lumière représente à la fois un but et une épreuve pour l'âme. Le quatrième Bardo est appelé le *Chikkhai Bardo* ou « État transitoire du moment de la mort ». C'est l'espace où luit d'abord la claire Lumière dans son état de pureté primordiale. Puis, si celui qui l'aperçoit est incapable de la reconnaître, qu'il est incapable de se maintenir dans l'état d'esprit transcendantal en résonance avec elle, alors une lumière obscurcie karmiquement se manifestera ; ce qui est son second aspect destiné à attirer l'âme en dehors de son chemin. Durant cette phase, pendant les trois jours et demi ou quatre jours qui suivent la mort physique, le principe conscient de la personne ne sait pas qu'il est séparé du plan humain, il demeure dans un état de transe. Ce n'est que lorsqu'il s'éveille à la compréhension de sa propre mort que le premier Bardo prend fin et qu'il peut commencer à expérimenter le deuxième Bardo.

Celui-ci est le *Chönyid Bardo* « l'État transitoire de la Réalité », qui se fond dans le troisième Bardo appelé *Sidpai Bardo*, « l'État transitoire de la renaissance » qui emmènera le principe conscient jusqu'à la renaissance dans le monde humain ou au-delà selon les cas. Le but de ces cycles est de **profiter des apprentissages de la vie pour se libérer de nos illusions et ainsi libérer le principe conscient de ses entraves**. Dans ce troisième Bardo, le défunt (à moins qu'il ne soit illuminé autrement) est plus ou moins dans l'illusion que malgré sa mort, il a encore un corps de chair et de sang. Lorsqu'il arrive à comprendre que réellement il n'a plus ce corps, il commence à éprouver un désir insurmontable d'en posséder un. En le cherchant, la prédilection karmique devient naturellement déterminante, et il entre dans le troisième Bardo de la recherche de la renaissance. Suivant sa renaissance dans ce monde ou un autre, l'état d'après la mort se termine. Mis à part pour les âmes qui atteignent la libération en accédant au *Nirvāna* après la mort, rompant ainsi les liens karmiques de l'existence du monde (l'existence sangsārique dans un corps illusoire), le seul moyen pour une âme ordinaire de réussir à atteindre l'état de Bouddha est de renaître homme, donc de repartir pour un nouveau cycle.

Que voyons-nous ici concernant notre principe de mort de l'ego ? Premièrement qu'il s'agit d'un cycle. Tant que nous n'atteignons pas l'évolution de nos structures égotiques en avançant vers le Soi et en nous écartant de la sécurité illusoire de l'ego, nous sommes voués à répéter nos schémas en place, inlassablement, invariablement. Il y a donc une nécessité d'affronter la lumière, d'aller vers elle pour réussir ces transitions, devenir plus que ce que nous sommes et enfin nous libérer des carcans d'anciennes structures obsolètes. Dans les premiers temps menant à ce changement, on a parfois des difficultés à réaliser que l'ancienne réalité est obsolète et à se décider à changer, c'est cet état d'inertie qui est décrit dans le Bardo comme un sommeil ou une transe. Nous sommes encore dans l'illusion de ce que nous avons été, on essaye encore de s'accrocher à ce qui a été avant de pouvoir avancer vers ce qui peut être ; avancer vers la mort, vers la réalité et enfin la renaissance. Nous parlons d'affronter la lumière pour avancer vers elle et cela pourrait paraître paradoxal sachant que cette même lumière est la source de notre libération et de notre avancement dans la vie (comme dans la mort). Mais en réalité, ce que l'on craint finalement le moins est ce que l'on connaît déjà, même s'il s'agit des illusions les plus obscures, la lumière, si belle et brillante soit-elle va devenir une source d'inconnu et de danger, c'est ce qui vient remettre en cause notre homéostasie psychique. Si sombre et misérable soit-elle, notre zone de confort est rassurante parce qu'elle est connue, et l'être humain a une incroyable capacité à se bercer d'illusion, suffisamment pour ne plus même vouloir s'éloigner de la source de sa propre souffrance.

Suivant ce principe, la lumière est alors à la fois une prise de risque et une possibilité, elle est un phare vers lequel on doit choisir d'avancer ou pas.

LES BARDOS DANS LA MORT

LE *CHIKHAI* BARDO ET LE *CHONYID* BARDO

Où est contenue la confrontation avec la réalité dans l'état intermédiaire : la grande délivrance par l'entendement pendant le stage suivant la mort, venant de la profonde doctrine de l'émancipation du conscient par la méditation sur les divinités paisibles et irritées.

LE *SIDPA* BARDO

Ceci est reconnu comme étant la partie de l'esprit de l'enseignement appelé : « l'essence profonde de la libération par entendement », ce qui rappelle la claire confrontation dans l'état intermédiaire, lorsqu'on cherche la renaissance.

Tous les textes du Bardo Thödol doivent être récités au mourant, puis au mort, pour l'accompagner dans ce processus de 49 jours[1] de l'état de mort vers la renaissance. Le premier texte est lu au mourant :

> « Ô fils noble (un tel), le temps est venu pour toi de chercher le Sentier. Ton souffle va cesser. Ton guru t'a placé face à face avec la Claire Lumière. Et maintenant tu vas la connaître dans sa Réalité, dans l'état du Bardo où toutes choses sont comme le ciel vide et sans nuage, et où l'intelligence nue et sans tache est comme une vacuité transparente sans circonférence ni centre. À ce moment, connais-toi toi-même et demeure dans cet état. Moi aussi, maintenant, je t'établis dans cette confrontation. ».

Il s'agit là de la première invitation à avancer vers la lumière et la confronter en quittant son état précédent. Cette notion de confrontation à la lumière est exprimée très régulièrement et très clairement, comme lorsque l'officiant continue de s'adresser au mort en lui disant :

> « Ô fils noble (un tel) écoute. Maintenant tu subis la radiation de la Claire Lumière de Pure Réalité. Reconnais-la. Ô fils noble, ta présente connaissance en réalité vide, sans caractéristique et sans couleur, vide en nature, est la Vraie Réalité, l'Universelle Bonté. ».

Tout est dit pour inciter le principe conscient à se libérer de ses illusions pour avancer vers cette lumière, cette nouvelle réalité qui représente l'essence de la personne, celle qu'elle doit (re) devenir. Comme nous l'évoquions, la grande difficulté, que cela soit pour les morts comme pour les vivants, survient lorsque cette lumière n'est pas reconnue, que l'esprit de plonge dans la peur et essaye de s'en éloigner. C'est alors qu'elle s'éloigne de son cheminement et de son évolution personnelle. On imaginerait aisément que pour les âmes des défunts, cette lumière soit exactement cela, une grande lumière comme celle que les

1. Cette durée énoncée est variable, mais ces 49 jours sont décrits comme étant un minimum pouvant s'étendre selon les besoins des personnes ou les difficultés rencontrées.

personnes ayant vécu une NDE décrivent, l'essence d'un état, d'un esprit. Mais si l'on doit transposer cette lumière dans une lecture destinée aux vivants en quête de changement qui avancent vers cette mort de l'ego et la renaissance à une nouvelle vie, à quoi ressemblerait-elle ?

Nous pourrions imaginer qu'elle se trouve dans l'élation, dans le bonheur qui existe dans nos vies, dans ce qui permet de construire ce bonheur. C'est une vision plus belle que l'on a du monde, elle représente notre Soi qui s'exprime et que l'on ressent et qui va changer cette vision. De même que pour les âmes des défunts, la difficulté réside dans le fait de pouvoir reconnaître cette lumière pour ne pas risquer de continuer à suivre des illusions et se perdre un peu plus encore. La capacité à la reconnaître est la capacité à se reconnaître soi-même, ce qui fait notre essence profonde. Cela ne tient pas ce que nous faisons, nos actions, ce que l'on entreprend, ni même nos projets, mais à ce qui est nourri lorsque nous faisons toutes ces choses. Si nous agissons pour nourrir nos illusions, nous nous éloignerons de la lumière et de nous-mêmes et de notre capacité à atteindre le bonheur.

> « Ô fils noble, au moment où ton corps et ton esprit se sont séparés, tu as connu la lueur de la Vérité Pure, subtile, étincelante, brillante, éblouissante, glorieuse et radieusement impressionnante, ayant l'apparence d'un mirage passant sur un paysage au printemps en un continuel ruissellement de vibrations. Ne sois pas subjugué, ni terrifié, ni craintif. Ceci est l'irradiation de ta propre et véritable nature. Sache le reconnaître.
>
> [...] Ô fils noble, si tu ne reconnais pas tes propres formes-pensées malgré les méditations ou dévotions faites par toi dans le monde humain – si tu n'as pas entendu ce présent enseignement – les lueurs te subjugueront, les sons te rempliront de crainte, les rayons te terrifieront. »

Si l'esprit ne parvient pas à reconnaître cette lumière ou les différentes divinités qui se présenteront à lui, qu'il s'agisse des divinités paisibles ou irritées telles qu'elles sont décrites dans le Bardo Thödol et qui viennent personnifier les différents aspects de l'essence de l'âme du défunt, alors l'âme errera et fera successivement face à différents démons. Elle se laissera porter par les illusions, incapable de voir les choses telles qu'elles sont réellement, elle subira la peur face à ses propres démons qu'elle ne reconnaît pas non plus. La personne est dans la négation de son essence et de ce qui la constitue, que cela soit par peur de devoir faire face à qui elle est réellement ou par peur de lâcher ses illusions.

> « Ô fils noble, quelles que soient les visions effrayantes ou terribles qui te viendront, reconnais-les pour tes propres formes-pensées. Ô fils noble, si tu ne les reconnais pas et que tu es effrayé, alors toutes les Déités Paisibles brilleront dans la forme de *Māhā-Kāla* et toutes les Déités Irritées dans celle de *Dharma-Rāja*, le Seigneur de la Mort ; tes propres formes-pensées devenant des Illusions (*Mārās*) tu erreras dans le *Sangsāra.* »

À beaucoup d'égards, le Bardo Thödol est un recueil de textes dont les enseignements sont principalement destinés aux membres de la famille qui sont présents pour accompagner le mort et écouter, pour les aider à prendre conscience des réalités de leur existence et les inciter à ne plus se laisser porter par la vie de manière passive, mais à devenir proactif et à avancer vers leur propre essence. Lorsqu'une personne est en sommeil, qu'elle n'est plus dans la recherche de cette lumière, elle s'éloigne de son essence et de sa capacité à accéder au bonheur. C'est aussi ce que permettent les expériences de mort de l'ego. C'est une mue durant laquelle on va pouvoir se défaire de son ancienne peau, ses anciennes structures, pour en construire de nouvelles, plus proche d'une réalisation du Soi, d'une essence. Encore une fois, la lumière et l'essence ne se trouvent pas dans nos actions et dans ce que l'on entreprend, mais dans ce que l'on retire de ces actions, dans la manière qu'elles vont nous nourrir et nous faire grandir. L'esprit qui erre est celui qui a cessé d'être dans ce mouvement, qui ne fait qu'avancer vers les illusions qu'il recherche pour remplir le vide laissé par cet éloignement de l'essence. Plus l'esprit s'éloigne de cette lumière, plus grandira la peur de cette même lumière et qu'il sera difficile de s'en approcher à nouveau. Les illusions que l'on poursuit ne permettent pas de reconnaître son essence qui semblera de plus en plus étrangère. C'est cette transformation de l'ego que relate le Bardo Thödol depuis la forme des divinités paisibles vers les divinités irritées et les différents démons, à mesure que l'on s'en éloigne de l'essence son aspect devient plus inquiétant, nourrissant même la peur du changement et de l'évolution.

L'expérience de la mort de l'ego est un rite de passage, une initiation que l'on retrouve dans tous les textes anciens et les pratiques de la plupart des cultures au travers de l'histoire de l'humanité. Cette initiation est toujours un processus, avec des états intermédiaires, menant à une renaissance. La peur est un facteur presque toujours présent dans ces rituels initiatiques, mais le mythe, comme tous ces textes sacrés ou pas, est aussi là pour préparer les personnes, pour leur donner l'opportunité de vivre ces changements de vie de la manière la plus profitable et la plus constructive possible.

Les mythes, une initiation à la mort

> « Il y aura toujours une certaine proportion de gens qui ressentiront une curiosité brûlante à propos des espaces extérieurs inconnus, et un désir brûlant d'échapper à la prison du connu et du réel, pour atteindre ces pays enchantés de l'aventure incroyable que nous ouvrent les rêves [...] »
>
> H. P. Lovecraft (extrait de *Notes sur l'écriture de la fiction surnaturelle*)

Dans toutes les cultures, il existe cet aspect essentiel qui permet justement de préparer les personnes à ces étapes de vie, ces transitions d'un état à l'autre : les mythes. C'est notamment l'un des rôles du Bardo Thödol au-delà de sa qualité d'enseignement, il fournit une base mythologique lorsqu'il mentionne les rôles des différentes divinités ou démons, pour fournir un cadre solide à ces mêmes enseignements.

L'expérience de mort physique, une NDE, une mort chamanique, même tout ce qui est décrit dans les visions du Bardo Thödol, tout ceci est d'une certaine manière une expérience archétypique. Dans la Bardo même, qui est à la base du mythe de la mort pour les Tibétains, les visions perçues dans les états intermédiaires ne sont pas réelles, elles ne sont « que l'hallucination qui manifeste les formes-pensées nées dans le mental de celui qui les perçoit. Ou, en

Fig. 4: Thangka bouddhiste

d'autres termes, elles sont les formes personnifiées des impulsions intellectuelles du vivant dans son état de rêve après la mort ». C'est sur les mythes et les rêves (donc dans le Bardo du rêve) que se construisent les archétypes qui vont servir de base à la construction des visions que l'esprit reçoit durant les états intermédiaires. L'archétype, selon la définition qu'en donne Mircea Eliade, est « un modèle exemplaire, révélé dans le mythe et réactualisé dans le rite ». Le mythe devient alors un phénomène que l'on conçoit comme étant universel (même s'il est aussi très personnel) et qui va fonder les structures du réel.

C'est une notion que l'on comprend très bien lorsque l'on se plonge dans l'expérience chamanique avec l'Ayahuasca et que l'on s'interroge sur la nature des visions imaginales[1]. On réalise rapidement qu'il existe une manière de visualiser certaines choses, ces représentations archétypales, qui sera déterminée par la culture de la personne qui fait l'expérience de ces visions. Par exemple, il sera plus fréquent pour une personne indigène de l'Amazonie d'utiliser des représentations archétypales d'Anaconda ou de Jaguar pour représenter la mère ou le père ; un Français utiliserait inconsciemment un archétype totalement différent. Cette spécificité culturelle est très présente, mais même ainsi, il est très difficile parfois de la dégager des spécificités individuelles. Dans une société comme en France où il y a une quasi-absence de mythe fédérateur actif liant les membres d'une même culture ensemble, et où les référents se multiplient chaque jour un peu plus, les constructions archétypales inconscientes vont prendre des formes de plus en plus spécifiques aux individus eux-mêmes, ce qui rend presque impossible toute chance d'anticiper ce genre de représentation.

Dans des sociétés dont les structures culturelles reposent de manière plus importante sur ce type de mythes, il devient possible de voir qu'au travers de ces images, de ces visions, le mythe traduit ce que le langage ne peut exprimer. Ces représentations peuvent exister à travers l'espace et le temps, se recoupent, se rassemblent, forment des groupes ayant la même signification, ou se retrouvent parfois complètement identiques. C'est ce qui constitue une base culturelle solide à laquelle tous les individus peuvent s'identifier. Ces mythes sont importants dans une société, car ils sont un modèle, une matrice transcendant l'espace et le temps pour permettre aux

1. *Visions chamaniques: l'Ayahuasca et l'imaginal*, Sébastien Cazaudehore, Véga.

hommes de vivre des circonstances sociales particulières, comme notamment l'approche de la mort, comme une expérience culturellement cohérente, leur apportant un soutien dans cette épreuve.

Le mythe d'Er[1] est certainement l'un des plus connus concernant les expériences de mort. Laissé pour mort sur un champ de bataille, Er se réveille dix jours plus tard et raconte son aventure. Accompagné par d'autres âmes, il est arrivé en un lieu divin. Il a assisté au jugement des âmes, ainsi qu'à leur montée vers le ciel ou à leur descente vers des lieux inférieurs ; il a vu leur liberté de choix dans leur future réincarnation, l'attribution d'un ange gardien pour cette vie future, l'abreuvement dans le Léthé, fleuve de l'oubli. Il avait pour mission de revenir raconter aux hommes ce qui se passait dans l'au-delà. Ce mythe fait partie de notre culture et vient nous enseigner ce qu'il faut savoir sur cette transition vers la mort. La lumière, l'ange, le fleuve sont en eux-mêmes des représentations archétypales, tout comme les notions de jugement, de pesée des âmes, de bilan de vie, de punition et de récompense sont des éléments qui doivent être enseignés aux vivants, à la fois pour se préparer à la mort, mais surtout pour les inciter à vivre leur vie correctement.

Lorsque l'esprit n'est plus dans ces états intermédiaires, il se reconnecte à son essence universelle et s'éloigne des visions archétypales pour rejoindre une vision imaginale pure, peuplée par des instances imaginales autonomes. Le Bardo Thödol nous donne d'ailleurs sa propre définition de l'imaginal lorsqu'est exprimé :

> « Il t'arrivera de te trouver en des pays qui te sont inconnus. Tu percevras avec l'œil divin la puissante illusion des choses. Tes sens ayant leur pleine puissance, leur activité s'exercera sans obstacle. Précédemment, quand tu voulais te rendre dans un pays lointain, il te fallait prendre beaucoup de peine. Maintenant, dès que tu en as le désir, en pensée tu y es arrivé. Quel que soit le lieu où tu te trouveras, les facultés de tes sens seront complètes, mais ton corps ne projettera pas d'ombre. Tu peux traverser, sans rencontrer d'obstacle, les montagnes, les barrières, les bâtiments et les rocs les plus durs. Si tu vas vers un des séjours de la béatitude, tu verras de l'or pur, des étoffes de drap blanc et un blanc clair de lune. »

1. Le Mythe d'Er le Pamphylien, dans *La république* de Platon.

L'œil divin est cet éveil de l'imagination agente, seule capable de voir l'imaginal, au-delà des illusions projetées par la conscience, c'est l'organe de perception du Soi. Le changement de mode de perception se fait en fonction d'un changement d'état, passant, dans le cas de vivants, d'un État de Conscience Ordinaire (ECO) vers un État de Conscience Chamanique (ECC), les mythes nous relatent presque tous sans exception qu'un changement d'état (que cela soit entre la vie et la mort, ou même entre les différents états de mort ou de vie) est un changement dans l'énergie vitale de l'esprit, du principe conscient, de l'âme. Mais comme tout changement, les êtres humains ont souvent besoin de guides, non pas pour leur tenir la main et les entraîner dans ces changements (personne ne peut et ne doit assumer ce rôle), mais pour les aider comprendre et accepter la nature de ces changements, leur raison d'être et leur utilité. De tout temps, ce fut le rôle des mythes, de ces histoires fantastiques dont les sens cachés ne se révélaient parfois au lecteur que lorsque l'utilité s'en faisait sentir, lorsqu'il s'apprêtait à vivre une situation similaire dans sa réalité et pouvait se connecter à ces enseignements symboliques.

Les rites et rituels quant à eux, sont l'expression des messages et des réponses de ces mythes et servent à guider les esprits et les corps dans ces transitions, parfois en reproduisant symboliquement certaines de ces grandes étapes pour préparer l'esprit à les accepter et les accueillir pleinement. La mort, même symbolique, est ce qui permet de renaître à une vie plus adaptée à son essence. Laisser l'enfant mourir pour que l'adulte puisse naître est un rituel initiatique très important dans beaucoup de sociétés. Aujourd'hui encore en France, il subsiste certains de ces rituels de passage d'un état à l'autre, pour certains cela pourra être l'épreuve du bac, service militaire, une profession de foi chrétienne, la première fois qu'ils peuvent chasser avec un fusil, le permis de conduire, le premier rapport sexuel... même si ces initiations sont parfois relativement dénuées d'enseignement profond, elles n'en restent pas moins importantes, surtout en l'absence de tout rituel établi au niveau culturel.

Traditionnellement, ces initiations sont là pour permettre cette transition (généralement symbolique) entre deux états, et permettre à l'individu de se défaire des illusions et des erreurs de l'état précédent. Dans l'idéal bouddhiste, une âme en changement quitte un monde régi par les valeurs de l'avoir (accumulation de biens, carriérisme, apparences) pour un monde régi par les valeurs de l'être (amour, connaissance, service, réalisation personnelle, authenticité, etc.). Les symboles et les mythes qui portent les enseignements sont là pour donner une signification aux actes entrepris, ainsi qu'aux événements qui peuvent se produire, pour réussir à accéder à des réalités au-delà de l'ancienne réalité, des vérités au-delà de leurs vérités personnelles. L'initiation, et c'est aussi le cas pour le mythe sur lequel elle repose, est fondatrice, révélatrice de l'être sacré, elle permet de transcender ses valeurs anciennes, c'est à la fois une crise et sa solution, et paradoxalement, c'est là que se dissout la peur de sa propre finalité et son attachement à la matière ; elle est intégratrice en cela qu'elle permet l'implantation de nouvelles structures psychiques et de nouvelles valeurs, permettant à l'individu de trouver sa place dans le monde et de donner un sens à sa vie.

L'initiation permet d'apprendre à mourir pour enfin apprendre à vivre correctement, cet apprentissage de la mort est une expérience chamanique par essence.

Le processus de deuil

Le processus de deuil est une démarche qui est certes personnelle, chaque personne vivant cette épreuve à sa manière, mais elle est aussi culturelle et directement liée à la manière dont une culture perçoit la mort. Dans cette situation, les mythes et les différents rituels représentent un soutien très important car ils permettent de mettre du sens sur la douleur des personnes.

Ces rituels sont souvent, à l'instar de ce qui est préconisé dans le Bardo Thödol, des gestes très concrets. Selon les cultures, certaines familles continuent d'apporter de la nourriture au défunt pour l'accompagner dans son voyage, certains organisent des festivités pour célébrer sa vie, d'autres ont même des rituels qui demandent la sortie et l'habillement des corps une année après le décès... il y a autant de pratiques que de cultures humaines.

Dans le cas des sociétés qui se sont éloignées de leurs mythes fondateurs et des rituels initiatiques et spirituels, les choses sont parfois un peu plus difficiles. Dans ces cultures, le deuil devient un processus presque exclusivement individuel. Chacun doit réussir à trouver le sens qui lui permettra de dépasser ses douleurs. Les processus, notamment du fait qu'ils soient liés à une fatalité qui mette les personnes endeuillées face à leur propre finalité, n'ont plus la structure et le sens qu'ils devraient, permettant de célébrer ce passage.

Le passage du corps à l'esprit dans la philosophie de l'intelligence agente : conséquences d'une scission

> « Les hommes doués intellectuellement savent qu'il n'y a pas de différence nette entre le réel et l'irréel, que les choses ne nous apparaissent qu'à travers la délicate synthèse physique et mentale qui s'opère subjectivement en chacun de nous. Mais le matérialisme prosaïque de la majorité condamne comme folie les éclairs de voyance qui déchirent, chez certains, le voile habituel de l'empirisme banal. »
>
> H. P. Lovecraft, *La tombe* (1922)

On pourrait s'étonner de constater que ces notions culturelles profondes de mythe et d'initiation aient plus ou moins disparu dans nos sociétés occidentales, d'autant plus que de cette disparition découle un ensemble de conséquences qui ne vont pas dans le sens d'une plus grande facilité d'existence ni une amélioration de la condition humaine. On pourrait même se demander si cet éloignement des rituels initiatiques est ce qui a augmenté la difficulté d'atteindre une véritable réalisation de soi, mais lorsque nous prenons l'exemple de beaucoup de sociétés orientales dans un contexte moderne, ce problème ne semble pas avoir un impact aussi important.

De notre point de vue, la problématique occidentale ici est plutôt d'ordre philosophique, dans notre conception matérialiste et dualiste principalement, exacerbant une rationalisation systématique aux dépens d'une herméneutique jusqu'alors capable d'appréhender les réalités spirituelles et mystiques. Aujourd'hui, les modes de pensée occidentaux se basent principalement sur un paradigme scientifique dualiste où l'on appréhende l'esprit par la méthode scientifique et systématique. Même si nous nous éloignons peu à peu d'un paradigme plus profondément matérialiste, et même avec un dualisme corps/esprit toujours fort, il est quand même devenu envisageable de considérer que certains aspects de l'esprit ne relèvent pas nécessairement de simples processus physiologiques. Ceci constitue en soi, une avancée, une ouverture d'esprit, si nous la comparons à une vision matérialiste dans laquelle l'esprit est un sous-produit de processus physiologiques soumis aux limites physiques du temps et de l'espace, et où les esprits individuels ne peuvent pas interagir sans support physique.

Malgré cette avancée, dans cette conception philosophique dualiste, il manque un « pont » qui permette de faire le lien entre le corps et l'esprit, une articulation entre les domaines sensible et intelligible. Or, ce pont, cette articulation, a existé dans la philosophie occidentale dans le passé, et on la retrouve encore dans beaucoup de philosophies orientales et animistes aujourd'hui. Ce principe se rattache à la doctrine de l'intelligence agente, ce qu'Henri Corbin a rebaptisé sous le nom d'*imaginal* et qui a fait l'objet de notre ouvrage précédent. L'imaginal est un domaine de connaissance à part entière qui se situe entre le domaine sensible et le domaine intelligible. C'est le domaine où se trouve justement ce lieu de passage, de transformation et de réalisation de soi, c'est ce qui permet la réalisation d'une fonction théophanique pouvant donner accès aux révélations que l'on cherche à atteindre dans cette quête de soi et de son essence.

Henri Corbin a ravivé cette notion d'imaginal en occident en la faisant renaître à partir des écrits de Ibn Arabi, un philosophe perse du XIIe siècle. La mystique perse présente trois mondes distincts ou domaines de connaissance :

- Le monde SENSIBLE celui des choses matérielles et des formes sensibles,
- Le monde IMAGINAL qui est le monde de l'âme et des formes imaginales,
- Le monde INTELLIGIBLE où se trouvent la connaissance et les formes intelligibles.

La distinction qui est faite entre ces trois mondes repose sur la reconnaissance des formes qui sont propres à chacun, hiérarchisées en fonction de l'être et du connaître: il y a les formes intelligibles, les formes imaginales, et les formes sensibles. Les formes imaginales se définissent entre l'apparence des formes sensibles et le transparaître des formes intelligibles. C'est un monde médian et médiateur, là où le contact entre Dieu et l'homme se fait, un monde entre Ciel et Terre, où s'immatérialise les formes sensibles, et où s'imaginalisent les formes intelligibles[1].

LES 3 DOMAINES DE CONNAISSANCE			
DOMAINE	**SENSIBLE**	**IMAGINAL**	**INTELLIGIBLE**
Formes	Perceptions sensorielles Monde non cohéré	Figures-archétypes, idées-images, corps subtils, immatériel	Concepts, abstraction, raisonnement
Organes de perception	Capteurs sensoriels (oreilles, yeux…)	Imagination agente	Intellect, mental
Cohérence du réel	Monde accidentel, sans cohérence	Permet d'atteindre une cohérence	Séparé de la matière
Homme	Physique Corporel	Psychique Spirituel	Intellectif Intellectuel

1. *Visions Chamaniques: l'Ayahuasca et l'imaginal*, Sébastien Cazaudehore, Véga.

Historiquement, cette notion d'imaginal s'est progressivement dissoute jusqu'au XVIIe siècle où les philosophies des Lumières l'ont définitivement enterrée sous le matérialisme et le dualisme qui annonçaient déjà l'avènement de la méthode scientifique comme mode de pensée. C'est ainsi que s'est effacé le lien existant entre le corps et l'esprit, nous faisant perdre ainsi accès à un mode de connaissance et une voie cognitive essentiels. Nous ne disons pas que le domaine imaginal a disparu, cela est évidemment impossible (il EST, tout simplement), mais nous avons perdu la conscience de cette existence et ne l'intégrons plus dans nos modes de pensées et dans notre conceptualisation du monde qui nous entoure. Les conséquences sont diverses et pas toujours très bonnes. Il y a eu certes beaucoup d'avantages à nous tourner vers une philosophie dualiste ou même matérialiste, mais en perdant ce lien qui permettait d'unir le corps et l'esprit, nous avons causé une scission qui ne nous permet plus de faire le lien avec ces aspects de l'esprit qui ne relèvent pas d'un processus physiologique. Pour faire simple, dès lors que la science n'arrive plus à expliquer quelque chose, celle-ci aura tendance à être rejetée ou cataloguée comme étant une erreur statistique, une incongruité, une supercherie... Cette problématique philosophique n'a de répercussions que sur l'inconscient collectif (oui, rien que ça) en cela que cela entraîne une négation de la réalité de l'imagination agente comme mode de perception et fonction cognitive, pour n'accorder de foi qu'à la perception sensible (tout aussi subjective pourtant).

Très clairement, l'expérience de mort et la transcendance des structures psychiques au travers d'une expérience initiatique ne révéleront pas leurs secrets dans un tube à essai à l'aide d'un spectromètre de masses. Oui, l'analyse scientifique donnera des éclaircissements sur ce qui se passe dans le corps : augmentation durable des taux de sérotonine, mise en place de nouvelles connexions neuronales... mais ce ne sont que les manifestations dans le corps d'un processus beaucoup plus large. Certes, la science avance, et plus elle avance, plus elle se rapproche des réalités imaginales telles qu'elles étaient déjà comprises dans l'antiquité. Mais cette avancée peut sembler lente, s'étalant sur des générations sans pour autant qu'une plus grande ouverture d'esprit gagne les masses malgré les différentes découvertes.

Cette approche dualiste, en séparant le corps et l'esprit, le sensible de l'intelligible, a notamment eu des conséquences sur notre conception de la médecine. Les médecins, fidèles à cette doctrine au point parfois de devenir presque totalement matérialistes, ont une vision du corps qui est devenue mécanique, sans lien au spirituel. Qu'est alors devenue la notion de mort dans une telle vision? Comment est-ce que la médecine moderne, et par extension le commun des mortels en France par exemple, les patients finalement, approche cette notion?

Dans cette conception médicale matérialiste/dualiste, la mort est l'instant qui survient au moment où cessent les processus physiologiques vitaux (arrêt du cœur, cessation de l'activité cérébrale...), et c'est l'instant où se trouve l'échec de la toute-puissance médicale. La mort est devenue l'ennemi du médecin et de la médecine, définitivement rejetée en tant que processus naturel de vie, pour marquer la fin de toute possibilité d'aide (quand cette finalité n'est pas utilisée comme une sentence délivrée avec un pronostic). C'est devenu l'instant où tout finit, où le médecin échoue dans sa pratique. Tout est fait dans nos sociétés dans une volonté de prolonger la vie, d'éloigner la mort le plus loin possible, allant même jusqu'à la rendre presque taboue, niée, rejetée, et permettant de justifier le prolongement des souffrances dans certains cas. L'exclusion de la mort en tant que principe d'existence, d'aboutissement et d'achèvement d'une étape de vie, et par là même, intégrée au processus de la vie, a causé notamment la disparition des rites de passage et de préparation à la mort. Les étapes de la vie sont de moins en moins marquées pour ne plus risquer de sentir l'approche inexorable de ce que l'on considère comme étant la fin. Le médecin se veut être là pour les vivants, pour éviter la mort, et cette dernière représente un échec insupportable pour la toute-puissance médicale. Malgré cette position, si une guérison devait advenir sans le secours de la médecine officielle, et pire encore si celle-ci était due à des facteurs existant hors du champ de compréhension officiel de la médecine (des facteurs qu'elle serait donc incapable d'expliquer), elle serait totalement irrecevable. Tout aussi inconcevable serait la possibilité de concevoir que l'esprit puisse permettre cette guérison, rétablir les processus physiologiques de son corps, sans intervention médicale physique ou chimique.

Le sacré est consubstantiel à notre psyché, au domaine intelligible. En séparant le sensible de l'intelligible, nous avons mentalement évacué le sacré de nos sociétés, en tentant de le rationaliser, le poussant à se manifester donc de façon sauvage. Les indigènes d'Amazonie vivent depuis leur naissance dans un contexte intellectuel et philosophique qui les prépare à cette réalité sacrée, à l'existence de la mort en tant que processus vital, qui leur fournit un cadre de référence cohérent, et qui leur permet une saine intégration. Les chamanes, ces officiants du sacré dans les philosophies amazoniennes, sont des médecins de l'imaginal, et leur pratique doit passer par une initiation qui les oblige à tester leur capacité à justement faire ce pont entre le corps et l'esprit en les poussant au travers de ce miroir de l'esprit pour se déconstruire, se reconstruire et s'intégrer dans ces domaines.

Lorsque l'on doit faire face à une expérience initiatique comme le propose l'expérience de mort (que cela soit une NDE ou une expérience de mort de l'ego) sans préparation réelle et profonde, sans mythes cohérents sur lesquels faire reposer les notions indispensables pour permettre cet accompagnement, il devient beaucoup plus difficile de comprendre, d'accepter et d'intégrer ce qui en découlera. Plus on se repose sur les perceptions issues des sens physiques pour appréhender le monde qui nous entoure, plus il deviendra difficile de comprendre les perceptions de l'imagination agente. Le mythe scientifique domine presque totalement le mythe profane à l'échelle de nos sociétés, et pousse à une exclusion systématique de ces expériences et plus encore des manifestations de leurs conséquences. Les expériences, comme les enseignements que l'on peut en retirer, sont exclues du réel qui n'est censé ne se trouver que dans le domaine sensible. Sans soutien et face à une certaine forme de rejet (de la société et parfois même des personnes de l'entourage), l'expérienceur doit faire face à un ensemble de changements, de révélations, de compréhensions, qui pourront devenir perturbants ou désorientants. Sans cet accompagnement culturel ou sociétal, il ne dispose plus des clefs pour intégrer ces éléments de manière naturelle. Dans le pire des cas, son expérience pourrait même être taxée de sectaire, onirique ou hallucinatoire. Tout porte à rendre ces vécus, cette expérience de mort, et même cette conception de la mort comme étant pathologique, rejetant sa réalité transcendantale.

Paradoxalement, ce sont les avancées médicales, et notamment les techniques de réanimation, qui permettent à de plus en plus de personnes de faire cette expérience de mort au travers des NDE. Même si l'expérience n'était pas initialement recherchée, elle reste vécue et ses conséquences bien présentes. Plus ces expériences se multiplient, plus les populations commencent à avoir conscience de cette réalité, plus cela incite les esprits à s'éloigner d'une conception purement dualiste et/ou matérialiste pour réintégrer cette philosophie imaginale. Cela donnerait presque l'impression qu'une rationalisation scientifique de la pensée est finalement ce qui pousse une société à faire ressurgir d'anciens modèles. Du fait de la réalité du domaine imaginal, et même s'il semble avoir été enterré sous des siècles d'oubli dans nos contrées, le sacré, en lien avec le corps et l'esprit comme un prolongement de l'esprit est un régulateur des systèmes sociaux, et la mort est au cœur du sacré. Nier les préoccupations et les réalités liées à la mort, comme nous avons pu nier les réalités imaginales n'est pas une solution pérenne. Cela n'effacera pas le besoin de comprendre, cela ne fera que le remplacer par une angoisse profonde dont on pourra ressentir les conséquences à tous les niveaux de la société : recherche du pouvoir, accumulation de biens, course avec le temps, peur du vide intérieur (fuite de la solitude, ou absorption dans « le petit écran »), vénération pour une inaltérable jeunesse, etc. Tous ces comportements peuvent finalement se comprendre comme un défi inconscient et vain, face à la perte ultime de ce que l'on croit être soi. Ces conséquences sociales déplorables, prennent racine dans l'impossibilité de rationaliser ce qui se trouve au-delà de l'observable et du quantifiable, et qui pousse à considérer la mort comme une finalité, une fatalité. Cette frénésie sociale qui pousse les gens à ne vivre que pour réussir à nier l'existence de la mort, qui s'évertuent à s'arracher eux-mêmes du cycle naturel de la vie, met en péril l'existence même de la société, de ses structures, et sape même leurs chances de vivre pleinement leurs vies.

Cette possibilité d'accompagnement, d'initiation, de conseil, existe aujourd'hui, notamment avec les personnes qui ont déjà fait ces expériences et qui les comprennent. Ce sont tous les chamanes, les psychothérapeutes, les anthropologues, les penseurs et philosophes… n'importe qui même, pourquoi pas, tant qu'ils ont eux-mêmes fait l'expérience de tout cela et qu'ils ont des connaissances psychologiques suffisamment solides. Après tout, ce sont toutes ces personnes qui ont fait ces expériences qui ont contribué à la (re)naissance d'un mythe, celui de la lumière au fond du tunnel, le passage vers la mort.

L'excès inverse, existant notamment dans des sociétés d'où le domaine imaginal n'a pas disparu et où il a continué de faire l'articulation entre le domaine sensible et le domaine intelligible, entre le corps et l'esprit, a parfois aussi vu le jour. Dans ces configurations de pensée, les individus se sont orientés vers un modèle de plus en plus idéaliste au point de rejeter le corps pour tendre vers une spiritualisation systématique de tous les aspects de la vie, allant peu à peu jusqu'à plonger la notion de corps dans la honte et la vilenie et se tourner vers une herméneutique totale pour comprendre les processus de vie. Comme vous vous en doutez, comme n'importe quel comportement excessif implanté à un niveau sociétal et/ou culturel, que cela soit en se tournant totalement vers le corps ou totalement vers l'esprit, les individus en sortent rarement gagnant, ces conceptions étant trop éloignées d'un équilibre sain et raisonnable.

L'initiation des hommes Huli :

Autrefois (avant les années cinquante), avant l'arrivée du christianisme dans les Highlands de Papouasie Nouvelle-Guinée, le rite de passage à l'âge adulte était un moment très important dans la vie d'un garçon. Il se symbolisait de plusieurs manières : les corps étaient fouettés par des plantes urticantes au moment de l'entrée dans la maison des hommes pour que la douleur leur permette de laisser leur corps d'enfant derrière eux. Ils devraient ensuite vivre entre eux dans la maison des hommes et y recevoir divers enseignements, y partager leurs repas et tout un ensemble de rituels.

Lorsque le christianisme s'est durablement installé dans les territoires Huli, les missionnaires se sont attaqués à ces rites « païens » pour tenter de les exclure de la culture Huli et les remplacer par des pratiques appartenant aux diverses églises chrétiennes (principalement l'Église Catholique dans les premiers temps). Face à l'importance que ces rites initiatiques représentaient dans la culture Huli, ils ont choisi d'adapter le rituel de la profession de foi à la culture Huli pour tenter de le remplacer. Les jeunes hommes et femmes étaient alors invités à passer le seuil de l'église pour la cérémonie, et le prêtre fouettait une fois le dos de chacun avec un bouquet de plantes urticantes au moment de leur entrée.

Le but ici était de conserver le symbole de l'initiation pour permettre d'intégrer un nouveau code culturel. Comme nous l'avions mentionné précédemment, dans nos sociétés modernes, ces nouveaux codes servant d'initiations sont multiples (BAC, service militaire, permis de conduire...), mais ils n'offrent plus de cohérence culturelle ni de sens mythique profond permettant de donner du sens à l'expérience du rituel de passage.

Le paradigme quantique de l'esprit supra-lumineux

« Avec cinq faibles sens, nous prétendons appréhender le cosmos complexe et sans limites, alors que d'autres êtres, qui possèdent un éventail de sens plus large, plus fort, ou différent, peuvent percevoir des univers entiers de matière, d'énergie et de vie, qui sont à portée de notre main, et qui ne peuvent pourtant jamais être détectés par nos organes sensitifs. J'ai toujours pensé que de tels mondes inaccessibles existent, près de nous. »

H. P. Lovecraft, *De l'au-delà* (1920)

Ce que révèle l'expérience de mort de l'ego en général et de mort en particulier est la continuité de l'existence de l'esprit au-delà du corps. L'individu s'extirpe d'une notion matérialiste orientée sur son propre corps, d'une identification qu'il a construite à partir de ce corps, pour ouvrir son esprit à sa propre existence au-delà de la matière seule. Cette ouverture se fait à la fois de manière centrifuge et centripète, découvrant des espaces intérieurs et des possibilités existant dans le monde extérieur, le corps n'étant plus une limite, ni physique ni spirituelle.

Fig. 5: Thangka (peinture du Népal)

Dans toutes ces expériences, que cela soit une NDE, la mort telle qu'elle est décrite dans le Bardo Thödol, l'expérience chamanique de mort de l'ego… la lumière est un dénominateur commun au point d'être aujourd'hui mystifiée par ceux qui l'ont ne serait-ce qu'aperçue, et moquée par ceux qui n'y parviennent pas encore. Elle est une base commune à toutes ces expériences paroxystiques, d'élation ou d'extase spirituelle. Certains y verront l'expression de leur essence propre, d'autres celle d'une présence divine ou d'une matrice universelle… et tous auraient raison. Mais revenons un instant à cette notion de lumière en tant qu'élément décrit dans le Bardo Thödol.

Les cinq éléments

Dans beaucoup de mythes fondateurs, liés à la création de l'univers, on retrouve différents éléments qui composent la vie et la manière dont elle est créée. On retrouve un mythe semblable dans le livre des morts tibétain qui est présenté comme une évolution entre ces différents éléments, chacun constituant une avancée, un pas en avant. Il importe peu de savoir sur quel type de mythologie nous appuyons notre discussion sur ces éléments, tous se rejoignant d'une manière ou d'une autre, mais par souci de cohérence, nous allons continuer avec notre ouvrage tibétain. Voici donc ce que ce mythe propose comme histoire symbolique de l'évolution :

> « Au premier temps de notre planète, un seul élément était évolué : **le feu**. Dans le brouillard de feu qui, suivant la loi karmique gouvernant le *Sangsāra* ou Cosmos, se mit en motion rotative et devint un corps globuleux brasillant de forces primordiales non différenciées, tous les autres éléments demeuraient en embryons. La vie se manifesta d'abord vêtue de feu, et si l'homme existait à ce moment, il possédait un corps de feu. En deuxième évolution, comme l'élément feu assumait une forme définie, **l'élément air** se sépara de lui et entoura l'embryon de planète comme la coquille couvre l'œuf. Le corps de l'homme et celui de toute créature organique furent alors composés de feu et d'air.

> En troisième évolution, la planète baignée dans l'élément air et éventée par lui, transforma sa nature incandescente et **l'élément eau** sortit de l'air vaporeux. En quatrième évolution, qui est celle qui dure encore actuellement, l'air et l'eau neutralisant l'effet de leur parent feu, le feu produisit **l'élément terre** qui l'entoura. »

Ce texte rappelle évidemment bien d'autres récits comme celui par exemple que l'on peut retrouver dans la Genèse dans la Bible. Tout ceci mène donc à la création du monde sensible, du monde matériel et des êtres vivants qui occupent ce monde. Comme l'explique le texte, l'évolution du monde passe par des transitions d'un élément à l'autre, et nous nous trouverions actuellement dans la quatrième évolution. Mais l'existence d'un cinquième élément sous-entend l'existence d'une cinquième évolution, d'une nouvelle forme que peut revêtir l'être humain. Ce cinquième élément qui est présenté dans le Bardo Thödol est l'Éther. Il est dit que l'éther, dans sa forme primordiale, est symbolisé comme « le chemin de lumière verte de la Sagesse des actions parfaites », et n'apparaît pas si la Sagesse, ou faculté de conscience du défunt, n'a pas été développée parfaitement. Cet élément est ce qui représente l'essence de l'individu en tant que conscience transcendantale et transpersonnelle, plus haute que la conscience normale de l'humanité encore insuffisamment développée. C'est le véhicule de la faculté bodhique[1] vers laquelle nous devons tendre pour atteindre la destinée de l'humanité et qu'elle devienne sa conscience active au temps du cinquième cycle, de la cinquième évolution.

C'est la quintessence.

1. Bodhi est un terme pāli et sanskrit signifiant « intelligence », « connaissance parfaite », « révélation », « éveil ». Dans le bouddhisme ce terme désigne la délivrance, l'illumination, ou l'état d'éveil d'une personne libérée du samsāra, le cycle des renaissances et le tourbillon des passions. L'arbre de la Bodhi est vénéré comme un symbole de l'éveil du Bouddha.

La Quintessence, l'illumination alchimique

La notion de quintessence, de cinquième essence, est née dans la Grèce antique. Empédocle, un philosophe présocratique voulut expliquer la structure du cosmos à travers quatre éléments éternels et immuables : le feu, l'air, l'eau et la terre. Pour lui, il s'agissait d'éléments à la fois physiques (appartenant au domaine sensible) et métaphysiques (appartenant au domaine intelligible), qui s'associent et se dissocient sans cesse. Pour Empédocle, ces constituants de la matière étaient animés par deux énergies : d'une part l'Amitié et d'autre part la Discorde, tous les éléments se retrouvant au final unis dans l'Amour.

La notion de cinquième élément est ensuite venue avec Aristote qui va ajouter cette quintessence, l'éther. Cet éther serait la matière dont sont faits les corps célestes, et qui compose le milieu dans lequel ils évoluent[1]. Ce serait une matière intangible, incorruptible, non sujette à changement ou à transformation, comme le ciment de l'univers. Sur le plan humain, la Quintessence sera ce qui se situe au-delà des autres éléments[2] et de ce qu'ils symbolisent et en même temps ce qui les réunit tous :

- La terre = le corps (Sensible)
- L'eau = l'âme inconsciente (Imaginal)
- L'air = la conscience (Intelligible)
- Le feu = l'intellect (idem).

Cette quintessence, ce principe unificateur, c'est la vie, porteuse de tous les paradoxes, étant à la fois stabilité et spontanéité, fixation et transformation, unité et différenciation. Quand enfin l'homme devient conscient de sa nature, qu'il est éveillé à ce qu'il est et à ce qui le dépasse, il peut alors devenir et être défini comme la Quintessence de lui-même : la force vitale qui l'anime est une synthèse de toutes les énergies, cosmiques et divines, immanentes et transcendantes.

1. Aujourd'hui, la quintessence désigne la théorie scientifique selon laquelle il existerait une énergie sombre expliquant l'accélération de la vitesse d'expansion de l'univers.

2. Une idée intéressante qu'exprimait Aristote et sur laquelle nous reviendrons ultérieurement, consiste à dire que les quatre premiers éléments font partie du monde sublunaire (situé entre la Terre et la Lune), alors que le cinquième élément serait supralunaire (monde du Soleil et des étoiles).

Sur le plan cosmique (le macrocosme, en opposition au microcosme humain que nous venons de décrire et que l'on retrouve dans le texte du Bardo Thödol), la Quintessence serait ce qui dépasse, unit et rassemble les éléments :

- La terre = la matière ;
- L'eau = la nature vivante ;
- L'air = la conscience ;
- Le feu = le principe supérieur ordonnateur.

Ce serait donc à la fois le divin et sa création : la volonté divine, le moteur du monde, et le monde lui-même. Ou encore la substance qui sous-tend le cosmos, l'énergie contenue dans la vacuité.

Cette puissance, comme le suggérait Empédocle, est l'Amour absolu, celui que l'on ressent durant une expérience paroxystique comme les expériences de mort de l'ego lorsque l'on s'approche de cette Lumière absolue, pure et parfaite, cette essence de l'être, l'unité divine et celle de l'individu.

Cette quintessence est pour les alchimistes, la partie la plus secrète de la matière, et le but de l'alchimiste sera de révéler chacun des éléments contenus dans la matière. C'est exactement ce que propose et offre l'expérience de la mort de l'ego, l'Œuvre alchimique :

- **l'Œuvre au noir** opère la séparation entre le corps (la matière brute) et les forces vivantes qu'il contient (les Eaux, l'âme) ;
- **l'Œuvre au blanc** consiste en une élévation de l'âme puis à une redescente dans le corps. Ainsi, le corps est spiritualisé : l'individu ressuscité, recomposé, retrouve sa pureté et sa réceptivité originelles (c'est là que l'on retrouve notre expérience de mort de l'ego) ;
- **l'Œuvre au rouge** vient parachever le processus de fixation par le Feu supérieur. C'est alors l'avènement de l'homme complet, corporel mais pleinement éveillé à sa nature divine (et cette œuvre est celle de l'illumination, le pinacle de l'expérience de mort).

La séparation du corps et de l'esprit se fait pour révéler un lien plus fort, harmonieux et sacré qui existe entre les deux et qui permet à l'individu de s'élever au-delà de sa condition première en renaissant dans son essence. La matière est purifiée pour que l'essence puisse s'installer en elle, donc plus qu'un cinquième élément, la quintessence devient le processus en lui-même ; ce qui permet l'extraction de la conscience et de l'âme pour ensuite permettre leur réintégration consciente. Pour l'individu en recherche du Soi, cela permet d'une part de s'éveiller à la vie et à la part du divin qui existe en lui et de s'unir au tout, à l'universel. C'est le processus qui l'emmène vers de nouveaux niveaux de conscience pour prendre sa place en sagesse et sérénité. D'accéder à l'immortalité.

C'est la fameuse pierre philosophale. La transmutation d'une pierre brute en une pierre noble ; l'évolution d'un individu pour qu'il se libère de la matière et de ses illusions, avant de retrouver cette même matière, mais dans un nouvel état d'esprit. Ce nouvel homme, cette pierre noble acquiert alors la capacité de voir, de comprendre et de sentir qu'il est à la fois :

- Pleinement **matière** : il est entièrement fait de cette matière qui recèle en elle son principe immanent, ainsi que l'énergie vitale potentiellement porteuse de la conscience d'elle-même,
- Pleinement **vie** : la vie est ce principe qui anime la matière ; sans vie, pas de cosmos, pas de conscience ni d'ordre... seulement le chaos et le néant,
- Pleinement **conscience** : cette conscience est ce qui relie tout être vivant à son principe premier ; c'est ce qui maintient l'univers sous la forme d'un tout cohérent,
- Pleinement **divin** : l'homme porte en lui sa part de l'Universel créateur.

Il est à la fois terre, eau, air et feu, la conjonction de toutes les forces de l'univers. Il fond son ego dans cette convergence, dans ce tout, il fait partie de ce tout, détaché de toute illusion d'exister comme une unité autonome et séparée ; conscient de ce qui le détermine, il est dans le renoncement et l'acceptation.

La quintessence est l'illumination. Ce qui transcende toutes les choses, tous les concepts et tous les paradoxes. C'est l'ineffable substance qui rend la nature parfaite. C'est cette lumière que l'on approche et qui terrorise les esprits qui n'y sont pas préparés.

L'esprit supra-lumineux

Tout ceci nous ramène à la manifestation de cette quintessence : la Lumière. Celle de la révélation, de l'illumination, de l'élation et l'apparition divine. La Lumière primordiale, ce phare vers lequel les âmes se dirigent après la mort du corps, celle qui baigne les esprits durant les extases liées aux expériences de mort de l'ego.

Les discussions autour de cette manifestation, tout ce chapitre, est ce qui nous amène peu à peu à nous rapprocher de ce qui fait la dimension spirituelle de la mort et nous éloigner d'autant plus de ses aspects purement matérialistes et physiologiques. Évidemment, beaucoup pourraient arguer que plus nous avançons dans ce domaine, plus nous nous éloignons aussi de toute forme d'objectivité, plus encore que lorsque nous parlions du livre des morts tibétain ou des anciens grecs et des alchimistes. Mais nous allons vous proposer une approche qui nous permet d'aborder cette lumière sans trop y brûler nos ailes d'objectivité : la physique quantique. L'avantage avec la physique quantique est qu'elle reste extrêmement matérialiste d'une certaine manière (en tout cas rationnellement acceptable), tout en expliquant des phénomènes qui normalement n'auraient été abordés que par un esprit profondément spiritualiste. De ce point de vue, elle deviendrait notre nouveau pont, l'articulation qui pourrait enfin se faire entre le corps et l'esprit, entre le domaine sensible et le domaine intelligible, et qui vienne nous compléter à nouveau. Plus cette science se développe (et elle le fait depuis bien longtemps maintenant), plus elle permet à ce qui étaient devenus deux opposés de se rejoindre. Aujourd'hui la physique quantique vient prouver ce que les philosophes et les théologiens soupçonnaient depuis bien longtemps, par exemple que la réalité matérielle n'est qu'une illusion.

Mais commençons par le commencement, et intéressons-nous au temps, puisqu'il est à la base de notre problématique de mortalité.

En 1965 Sudarshan et Feinberg ont démontré qu'il y avait trois classes de particules possibles :

- **Les bradyons** (de *bradus* : lent) sont des particules allant moins vite que la lumière et constituant notre univers ordinaire ;
- **Les luxons** (de *lux* : lumière) sont des particules qui se déplacent à la vitesse de la lumière, de vitesse constante (photons, neutrons, gravitons) ;
- **Les tachyons** (de *tachus* : rapide) sont des particules hypothétiques de vitesse toujours supérieure à celle de la lumière. Leur existence n'a pas encore été démontrée jusqu'ici par l'expérience[1].

Les expérimentations concernant ces particules, notamment des Tachyons, n'en sont, même après quelques décennies, qu'à leurs balbutiements. Malgré cela, les avancées restent impressionnantes, permettant de démontrer mathématiquement l'existence d'un champ tachyonique et d'un espace-temps tachyonique et de mener à l'établissement de trois axiomes :

- **Axiome I** : Il existe une matière tachyonique ou superlumineuse dont les propriétés spatio-temporelles sont différentes de celles de la matière sous-lumineuse ou baryonique.
- **Axiome II** : Par définition la vitesse relative des particules superlumineuses est toujours supérieure à celle de la lumière.
- **Axiome III** : Pour un observateur tachyonique ou superlumineux, les lignes d'univers (chemin parcouru dans l'espace-temps par une particule) seront superlumineuses.

Il existe donc une théorie de la relativité superlumineuse qui peut exister sans avoir à contredire celle d'Einstein. Dans cette séparation de deux espaces on retrouve l'idée des quatre premiers éléments d'Aristote qui appartiennent à un monde sublunaire et d'un cinquième élément qui lui appartient au domaine supralunaire. Cette différenciation de deux mondes, deux dimensions, l'une sensible et l'autre presque intelligible, théorisable, dans lesquels les lois et les règles de fonctionnement ne sont pas les mêmes, mais qui existent de manière symétrique se retrouve dans beaucoup

1. Cependant un physicien belge, de l'université de Louvain, Jacques Steyart a observé expérimentalement un effet tachyo-électrique qu'il interprète comme provenant de la production d'une paire tachyon-antitachyon.

d'ouvrages, religieux ou littéraires. Un peu comme Alice de Lewis Caroll qui passe dans ce monde du rêve en traversant le miroir de la réalité sensible.

Une nouvelle théorie de la relativité, ou en tout cas une théorie de la relativité supplémentaire, a des implications importantes sur la manière dont le temps, et l'espace-temps par extension, doit être conçu et compris. « Dans l'univers sous-lumineux (le monde sensible), le temps propre est le temps "réel" vécu le long de la ligne d'univers par un observateur. Cet axe de temps propre (notre ligne d'univers) lui est inaccessible et il ne peut mesurer le temps que par un déplacement dans l'espace à trois dimensions (c'est-à-dire le temps cinématique) à l'aide d'une horloge pour ensuite reporter cette mesure sur son axe de temps propre qui est sa ligne d'univers. Par suite de cette identification, axe de temps propre et axe de temps cinématique sont confondus ; ce qui provoque pour nous l'impression que le temps s'écoule, qu'il y a un passé, un présent et un futur. Au contraire, dans l'espace-temps superlumineux l'axe de temps propre et celui de temps cinématique sont dissociés. L'axe de temps propre sera alors confondu avec celui d'espace. Le temps ne s'écoule plus. Il n'y a plus ni passé, ni présent, ni futur, et un observateur superlumineux aura une connaissance instantanée de tous les points événements de sa ligne d'univers[1]. »

Cette définition du temps en fonction de la manière dont on le perçoit que donne le physicien Régis Dutheil est particulièrement intéressante dans ses implications philosophiques. En effet, nous avons ici un concept permettant deux représentations : dans l'une, celle de la conscience de l'homme sensible, le temps s'écoule et l'emmène inexorablement vers une fin qui n'existe que parce qu'il voit un début marqué par sa propre naissance. Dans l'autre représentation, celle de l'inconscient, de l'esprit qui évolue dans le monde intelligible, où le temps n'existe pas, et où les idées, les informations, l'énergie existe hors de tout concept de temps. Et nous nous retrouvons avec notre quasi-incapacité dualiste à articuler ces deux conceptions, celle d'un corps qui vieillit visiblement et celle d'une information, d'un esprit qui existe au-delà de toute notion de temps et de finalité. C'est ici que l'on retrouve à nouveau notre différence fondamentale entre l'ego et le Soi, le sous- et le

1. *L'Homme superlumineux*, Régis et Brigitte Dutheil (physicien et documentaliste), Sand, 1990.

supralumineux, celui qui est inféodé au temps et celui qui existe hors du temps.

Il existe donc une autre réalité que celle que nous percevons avec nos sens physiques, une réalité supralumineuse, qui existe au-delà ou au-dessus de la réalité lumineuse qui constitue notre monde sensible, et à laquelle notre subconscient, qui appartient au monde intelligible, a accès par le biais de l'imagination agente comme mode de perception. Si une réconciliation entre la matière et la réalité supralumineuse existait, si un être vivant existait au-delà de ce mur de la lumière, il serait alors possible d'exister au travers de l'éternité, d'accéder à un savoir à la fois instantané et absolu, et de se trouver immédiatement à n'importe quel point de l'espace, quelle que soit sa distance, à la vitesse d'une idée… finalement d'avoir toutes les caractéristiques de l'âme qui a atteint le *Nirvāna*, libérée du vieux conflit matière/esprit et monde visible/monde invisible.

Ceci nous amènerait donc à devoir considérer une réalité matérielle de la conscience humaine où la matière serait (au moins en partie) superlumineuse, se formant donc à partir des particules « habituelles » (bradyons et luxons), mais aussi de tachyons. Cette idée n'est pas neuve, mais il est intéressant de la remettre en avant dans ce contexte particulier qu'est le nôtre. Que l'on parle de fonctionnement holographique du cerveau, de particules le constituant existant hors du temps connu et sensible… cela a d'importance surtout pour les physiciens et les théoriciens, mais cela ne retire en rien aux propriétés supralumineuses de l'esprit. La conscience humaine, ainsi formée d'un champ de particules superlumineuses et située dans un espace-temps superlumineux se projetterait sous forme d'hologrammes dans notre univers sous-lumineux. Dans ce concept, le cortex devient alors un point d'articulation, celui qui, comme le domaine imaginal, vient faire le lien entre un espace-temps et une absence d'espace-temps, entre deux modes de perceptions de deux réalités superposées, captant les informations lui parvenant sous forme de signaux physiques alimentant ses organes des sens et de signaux holographiques reçus par l'imagination agente.

LES TROUS NOIRS AU CŒUR DE LA CRÉATION

Lorsque l'on évoque les trous noirs, ces corps cosmiques formés par l'effondrement d'une étoile sur elle-même, ils sont généralement associés à une idée de destruction absolue. C'est un objet céleste dont les forces gravitationnelles sont telles que même la lumière ne parvient pas à lui échapper et qu'il est capable de détruire des étoiles entières. Seulement voilà, depuis peu, les chercheurs se sont rendu compte qu'il existait des trous noirs supermassifs qui semblaient être responsables de la création des nouvelles étoiles et que leur rayon d'influence bénéfique pouvait s'étendre jusqu'à un million d'années-lumière. Il est même avancé que ces trous noirs seraient responsables de la création des galaxies, et que même notre bonne vieille voie lactée en aurait un en son cœur, comme un générateur d'étoiles.

Cette théorie, basée sur un large ensemble d'observations, va même plus loin en proposant l'idée que toute chose pourrait renfermer un trou noir dont la taille (déterminée par la solution de Schwarz-Schild) serait proportionnelle à l'objet en question. Ainsi, concentré au centre de gravité, il y aurait un trou noir de quelques kilomètres au cœur de notre soleil, un de quelques centimètres au centre de la Terre, et un d'environ 10^{-13} mètres au centre du corps humain. L'intérêt de cette théorie dans notre contexte actuel tient au fait qu'à l'extérieur de cet objet, , l'espace-temps est sous-lumineux et à l'intérieur, superlumineux. Cela implique donc une capacité de déplacement superlumineux d'une particule à l'intérieur de ce trou noir. Cela deviendrait donc le point de passage entre les deux espaces sous- et superlumineux.

Nous nous rapprochons peu à peu de ce que relatent les textes du Bardo Thödol. L'être illuminé, l'âme libérée du carcan de la chair et du cycle des renaissances, accède au savoir holographique, le savoir total, absolu et instantané, où tous les instants d'une vie peuvent être appréhendés ensemble, sans considération de passé ou de futur. C'est le filtre de la chair, du corps, qui ne permettrait pas de retenir les informations appartenant à cette dimension supralumineuse (par exemple entre chaque incarnation pour rester dans la conception bouddhiste). C'est cette notion d'oubli que l'on retrouve dans la plupart des mythologies. C'est cette dimension, cette cinquième dimension, que l'on essaye d'atteindre durant les expériences chamaniques avec l'utilisation de l'Ayahuasca. Parfois, pendant l'espace d'un instant (ahahah, humour sous-lumineux), lorsque notre conscience a laissé la place à notre imagination agente, nous pouvons percevoir cette dimension, libéré de la matière du corps, l'esprit traverse le miroir et accède à l'imaginal. Il existe alors en tout point de l'univers, et (re)devient capable d'accéder (beaucoup plus facilement, mais pas de manière absolue du fait qu'il persiste un attachement sous-lumineux) aux connaissances dont il a besoin, comprend le fonctionnement normalement caché des choses... C'est la magie des chamanes qui offrent cette porte d'accès et servent de guide dans ces royaumes familiers, mais inexplorés. Les participants n'étant pas réellement libérés de la matière comme le conçoivent les bouddhistes avec l'illumination, de décalage dans la réalité supralumineuse n'est pas complet, seulement partiel. C'est notamment ce qui amène à une perception du temps qui s'écoule beaucoup plus rapidement par exemple, à une capacité à accéder à des informations et des corrélations d'informations en quantité impressionnantes ou auxquelles on ne pensait pas avoir accès... bref, on entrouvre un peu la porte pour jeter un œil rapide de l'autre côté. L'expérience paroxystique, l'élation complète, l'extase de l'illumination d'un être vivant, est celle que l'on atteint lorsque l'on s'est presque entièrement détaché du mental matériel, proche de cette dernière frontière de la vie, que l'ECO a presque entièrement laissé la place à l'ECC. Nous spécifions bien « presque », car il serait possible de théoriser sur le fait qu'un ECC total correspondrait à une mort totale[1], dont on ne revient pas comme c'est le cas pour les NDE. D'ailleurs, si profonde soit l'expérience de mort, l'esprit n'atteint jamais la vacuité totale, ne serait-ce que parce qu'il a généralement

1. « Si vous pouvez passer de l'état d'éveil au sommeil de manière consciente, vous serez aussi capable de passer de la vie à la mort de manière consciente. » Sadhguru.

la conscience de cette vacuité, donc il n'est pas dissout à 100 % à moins d'arriver à la mort physique. Au moment de la mort physique, le lien qui unit encore le mental appartenant à la réalité subluminеuse et l'esprit supralumineux se rompt. L'expérience chamanique, l'ECC, l'expérience de mort de l'ego existe dans cet espace, depuis le moment où l'esprit s'éloigne de la matière jusqu'au moment où il s'en sépare. Plus celui-ci s'éloigne et se rapproche d'un domaine purement supralumineux, plus l'intensité de l'ECC sera importante et plus il accèdera à ses capacités réelles, même si à nouveau, seule une partie de ces informations pourra être réintégrée dans le corps physique.

C'est cela la mort de l'ego, la réalisation de l'existence et de la puissance de cet esprit supralumineux et du domaine auquel il appartient, et la confrontation de cette information avec la réalité sensible, ce que l'on avait considéré comme étant la seule réalité jusqu'alors. C'est sur cette charnière que s'axe le changement de paradigme, c'est là qu'éclatent toutes les croyances et les structures psychiques. De notre vivant, nous devons donc réconcilier notre conception matérialiste-médicale et spiritualiste-religieuse pour que, à l'instar de ces deux univers, ils puissent coexister de manière efficace, permettant de favoriser l'évolution et l'avancée des individus, non pas pour se détacher des considérations de la chair, nous avons la mort pour cela, mais pour transcender la chair et accueillir une existence transpersonnelle, laisser Platon dans sa caverne pour se tourner enfin vers la lumière.

C'est pour cela que les expériences de mort sont si intéressantes et que les récits des personnes ayant vécu des NDE sont aussi fascinants, mais c'est aussi pour cela qu'on y retrouve une telle cohérence. Comme nous l'avons dit précédemment, la forme que vont revêtir les différents éléments de ces expériences pourra être différente, mais leur nature restera la même, car les expérienceurs font tous un voyage dans le même domaine, dans lequel ils se retrouvent, ce domaine supralumineux, cet imaginal qui existe au-delà de la réalité sensible et même archétypale. Et c'est pour cela que de ces expériences on retrouvera des éléments relativement invariables :

- Impression d'impossibilité de communiquer avec le monde sensible (les modes de perception, et donc de communication, sont différents).

- Persistance des perceptions sensibles (l'ECO n'est jamais rompu et la vacuité totale n'est jamais atteinte).
- Sensation de paix et de bien-être.
- Phénomène sonore.
- Traversée d'une zone d'ombres, où règne parfois la peur (nous reviendrons sur ce point).
- La décorporation.
- Les rencontres avec d'autres entités ou représentations.
- La confrontation à la lumière.
- La vision totale et la compréhension de la vie.
- La sensation de l'existence d'une frontière qui ne doit pas être franchie (symbolisée parfois comme une porte ou un portail par exemple, ce qui constitue évidemment une interprétation archétypale).
- Retour à la vie, réintégration dans le corps, renaissance.

Ce qu'il y a de particulièrement intéressant dans ces expériences de mort, c'est que la conscience sensible et observatrice ne disparaît jamais totalement. Ce qui d'une certaine manière nous ramène à une interaction que l'on trouve en physique quantique qui existe entre l'observateur et la particule qu'il observe. Le comportement de la particule observée aura un comportement différent selon qu'elle soit observée ou pas. Ce serait alors la « conscience » et la volonté de l'expérimentateur décidant l'expérience qui produirait le résultat de l'expérience. C'est pour cela que les techniques de méditation, que les chamanes, que les sages bouddhistes… que tous insistent bien sur l'idée qu'il ne faut pas essayer de rechercher l'expérience mystique, l'extase, l'illumination ou l'expérience de mort de l'ego. On peut préparer les choses dans sa vie pour favoriser son émergence, en améliorant la qualité de son hygiène de vie, en méditant pour se sentir bien, mais il ne faut pas être dans la recherche active de l'expérience, cela reviendrait à essayer de forcer un principe supralumineux à partir d'un principe conscient matériel… il y aura effectivement plus de chance, en se focalisant sur une volonté sensible, de s'éloigner d'une potentialité superlumineuse[1]. C'est aussi un danger auquel s'exposent les *psychonautes* qui multiplient les expériences chamaniques en utilisant tous les biais chimiques possibles (enthéogènes, psychotropes ou autres) pour tenter d'induire, donc de forcer ces expériences. D'une certaine manière et comme le stipulent la plupart des textes anciens, c'est l'antithèse d'une préparation correcte de l'esprit à vivre ce type d'expérience. Dans la grande majorité des cas, elle survient sans qu'on s'y attende, parfois par accident, lorsque l'attention de l'expérienceur est enfin relâchée et qu'il ne se focalise plus sur un tel but. Puisque c'est précisément cette focalisation qui ancre l'esprit dans le monde sensible et qui va l'éloigner de son but.

Le principe de conscience supralumineuse est aussi soumis à des règles et des fonctionnements que l'on retrouve dans le monde sensible. L'un d'entre eux est celui qui permet de considérer que, d'un point de vue énergétique, la conscience supralumineuse est un principe néguentropique, c'est-à-dire que le désordre y diminue constamment et que l'ordre et l'information y croissent constamment. Ceci est la caractéristique inverse que possède l'univers sous-lumineux qui est soumis à une dégradation entropique liée au passage du temps ; ce qui a mené au fameux deuxième principe de la thermodynamique d'irréversibilité des phénomènes physiques, en particulier lors des échanges thermiques. Dans le monde sensible, notre tasse de café ne se réchauffera pas d'elle-même, elle ne pourra que refroidir. C'est ce principe qui conditionne une avancée, inéluctable vers la déperdition progressive d'énergie et donc la mort. On retrouve ce principe néguentropique de la conscience supralumineuse dans la manière dont un principe conscient évolue au fil des réincarnations. Il ne peut y avoir de dégénérescence de ce principe, celui tendant en effet vers une complexification de son information.

« Pour un flux vital humain, passer dans la forme physique d'un chien, d'une volaille, d'un insecte, d'un ver, est impossible. La dégénérescence dans une fleur très cultivée, une pomme, un légume,

1. Le principe quantique de la « réduction par la conscience » (par le physicien Eugène Wigner) est une idée selon laquelle les fonctions d'ondes quantiques se réduisent lorsque l'on essaye d'observer et de mesurer des systèmes quantiques. Dans une telle occurrence, les potentialités du système quantique observé vont se réduire jusqu'à ce qu'il n'existe plus que le seul état observé. Pour faire simple, si l'on se concentre sur quelque chose en particulier, les autres possibilités disparaissent. Dans notre exemple, si l'on se concentre sur une idée sensible, il ne restera plus qu'une idée sensible, faisant du coup disparaître les potentialités imaginales /supralumineuses.

du blé, un animal, suit normalement la négligence de la culture. Mais dans notre période de création la fleur ne dégénère pas en pomme, ni en blé, ni aucune des espèces animales en une autre, non plus que l'homme dégénéré ne devient autre chose que l'homme sauvage, et non une créature sous-humaine. »

L'entropie, donc la déperdition d'énergie d'un système vivant comme nous en parlions avec ce 2e principe de la thermodynamique, est ce qui entraîne une dégradation inéluctable des organismes et leur mort. Les vivants passent donc leur existence à lutter contre ce principe pour repousser l'échéance de la mort. Une personne capable de produire un excédent d'énergie aura donc plus d'énergie qu'elle en a besoin pour sa propre survie, et pourra alors l'attribuer à d'autres choses, comme des loisirs par exemple. Cet excédent est ce qui permet d'avancer vers une complexification des structures de l'être (sociales, personnelles, transpersonnelles...) et donc d'aller dans le sens du principe supralumineux, qui lui tend vers une accumulation d'énergie perpétuelle et donc une complexification inéluctable et une augmentation de l'ordre.

L'inertie, suivant ce principe est ce qui empêche justement le lien avec le principe supralumineux. La production énergétique est proche d'un bilan neutre, l'individu est dans la survie simple, il n'y a plus dévolution ou d'avancée possible, sans une intervention extérieure. L'inertie est le système énergétique des personnes qui sont mortes avant d'avoir vécu.

L'expérience transpersonnelle de la lumière

> « On voit le monde grâce à la petite lumière
> appelée esprit et on voit plein de couleurs,
> mais si on les regardait avec la grande lumière
> de la réalisation de Soi, alors on verrait
> qu'il n'y a qu'une lumière unique et universelle. »
>
> Ramana Maharshi, « Je suis »

Cette lumière devient alors la manifestation de l'essence du principe de conscience supralumineuse tel qu'il est observé par la conscience matérielle sous-lumineuse. C'est une interprétation d'une information venue d'une dimension supralumineuse par une perception sous-lumineuse ; on se souvient d'avoir vu la lumière, mais on ne se souvient que d'un signifiant, sans le signifié en dehors de l'élation que l'on peut ressentir encore quelque temps après l'expérience. Toute expérience impliquant un ECC, que cela soit une NDE, une cérémonie de Ayahuasca, une méditation ou une rêverie au volant d'une voiture, met l'individu dans une situation particulière où il va devoir, consciemment ou inconsciemment, interpréter les informations qu'il perçoit, sachant qu'il peut percevoir des informations qui n'ont pas leur source dans le monde sensible et qui ne sont pas normalement perçues par les organes sensibles. Objectivement, on ne sait pas si l'on voit vraiment une lumière ou si l'on se souvient d'une interprétation consciente sous la forme d'une lumière. Peut-être s'agissait-il seulement d'une transposition permettant cette perception sensible, compréhensible par le physique.

Quelle qu'elle soit, une information comporte deux éléments : un support matériel physique que l'on appelle un « signifiant » (une onde sonore, visuelle, sensation de toucher, une odeur...) et un sens, le « signifié » qui donnera une signification subjective lorsque le signifiant est perçu. Donc une partie appartient au domaine sensible, tandis que l'autre relève du domaine intelligible. Cette dualité qui existe entre signifiant et signifié est une grande source de problématiques dans les relations humaines, car la subjectivité du signifié est directement liée à la manière dont le signifiant est perçu. Chaque être humain étant différent, déjà au niveau de sa physiologie et du « calibrage » de ses sens physiques, mais aussi dans sa représentation interne, chacun attribuera un signifié plus ou moins différent pour un signifiant pourtant identique. Comprenez bien que ce ne sont pas nos yeux qui voient, c'est notre cerveau, les yeux ne sont que des lentilles et des capteurs ; le cerveau construira l'image. Nous n'avons pas quitté l'espace sous-lumineux et c'est déjà compliqué et problématique ! La communication sous-lumineuse est alors un échange de signifiants, le cerveau humain, attribuant des signifiés déjà mémorisés ou issus d'une interprétation en fonction d'autres éléments mémorisés. Et la compréhension d'un message dans une communication dépend de l'accès du récepteur au sens de la totalité du message, nécessaire à l'acquisition d'une signification (ou connaissance) ; le message ne sera une information que si on peut lui faire correspondre une signification.

Lorsque l'on entre dans l'espace supralumineux, la communication se passe de signifiant, l'expérienceur a accès directement au signifié, au sens du message. Tout est information et celle-ci se passe d'interprétation basée sur des éléments mémorisés ou interprétés. C'est quelque chose qui peut parfois être assez déstabilisant, notamment du fait que l'on a parfois tendance à se mentir à soi-même, surtout pour les choses qui nous causent le plus de souffrances. S'il n'y a plus d'interprétation possible des signifiants, si l'on ne peut plus réussir à se raconter certaines histoires pour relativiser ou redorer certaines informations, et que l'on reçoit le sens profond et limpide de ces informations, cela pourra parfois entraîner un décalage psychologique menant à une forme de rejet, parfois violent. Nous avons observé maintes fois ce principe durant les cérémonies de Ayahuasca où des personnes qui se retrouvent confrontées au miroir d'Alice, au reflet nu et brut de leur réalité individuelle, sans interprétation de cette information, sans filtre, et se réfugient dans une peur, voire une panique, dans l'espoir (souvent vain car l'Ayahuasca étant active dans leur système, l'expérience ne s'arrête pas simplement en ouvrant les yeux) de s'ancrer au monde sensible des illusions à nouveau.

Ceci constitue évidemment la partie négative de l'expérience transpersonnelle, mais elle est aussi là pour bien faire comprendre que ce sont des expériences qui demandent une certaine préparation. Une autre source de décalage réside dans le fait que puisque la conscience sensible est toujours présente au long de l'expérience, elle aura tendance à continuer d'essayer d'attribuer un signifié sensible à ce qu'elle pense être des signifiants. Si elle est en présence de manifestations supralumineuses, donc appartenant à l'imaginal, une telle interprétation pourra mener à des interprétations et des synchronicités subjectives erronées. Pour donner un exemple simple : je vois une lumière fantastique et intense au bout d'un tunnel… je suis en train de mourir. Oui, mais pas nécessairement physiquement, c'est une mort symbolique, celle de l'ego. Dans ce contexte, la lumière cesse d'être un signifié supralumineux, pour n'être plus qu'un signifiant, un stimulus déclenchant l'interprétation et l'information subjective. Un signifié est purement objectif.

Nous avons souvent parlé de l'existence d'un point d'articulation permettant la balance d'un état vers un autre, celui qui permet une transition. Selon nous, ce point de transition de l'expérience de la mort de l'ego réside dans le lâcher-prise. Cette action, très consciente finalement, consiste à ne plus s'accrocher au sensible et à se laisser emporter par son esprit supralumineux. C'est à cet instant que commence l'expérience transpersonnelle de la lumière. Lorsque la personne accepte de lâcher la peur qui l'ancre dans sa réalité sensible et matérielle, et d'abandonner son corps et ses référents pour affronter la lumière du sens, celle qui contient tous les signifiés, c'est alors que se fait la transition complète, le changement d'état. Nous affirmons que c'est une action consciente, plus précisément c'est une décision profonde[1] que l'on prend lorsque l'on est dans la dynamique de l'expérience, et c'est cette décision qui devient ce point de transition qui permet de lâcher la peur, l'ancrage au monde sensible. Lorsque l'on se trouve hors d'une telle dynamique, la médiumnité et télépathie seraient ce qui permet d'atteindre la faculté d'accéder au signifié supralumineux sans essayer de s'accrocher aux signifiants sensibles qui nous entourent. C'est aussi pour cela que la molécule active de l'Ayahuasca, l'Harmine, a longtemps été appelée la télépathine, parce qu'elle permettait cet accès, à la fois entre une personne et la source des signifiés, l'espace supralumineux, et entre les personnes.

Toute cette information, cette source informationnelle, cette matrice supralumineuse, ce signifié universel, c'est de l'énergie. Celle qui sous-tend l'univers, l'éther, l'*Akasha*. Ce cinquième élément dont nous parlions plus tôt.

« Dans l'hindouisme, *Ākāśa* ou *âkâsha* est le cinquième élément constituant la substance physique, et qui est indivisible, éternel,

1. Par profonde nous entendons une décision qui est libre de tout doute, quelque chose auquel on croit profondément.

tout pénétrant et imperceptible. L'*âkâsha* est l'existence omniprésente, qui imprègne tout. Tout ce qui a forme, tout ce qui est le produit d'une combinaison provient de cet *âkâsha*. C'est l'*âkâsha* qui devient l'air, qui devient les liquides, qui devient les solides ; c'est l'*âkâsha* qui devient le soleil, la terre, la lune, les étoiles, les comètes ; c'est l'*âkâsha* qui devient le corps humain, le corps des animaux, les plantes, toutes les formes que nous voyons, tout ce qui peut tomber sous nos sens, tout ce qui existe. Il ne peut pas être perçu, il est si subtil qu'il échappe à toute perception ordinaire ; on ne peut le voir que lorsqu'il s'est épaissi, lorsqu'il a pris forme. Au début de la création, il n'existe que lui ; à la fin du cycle, les solides, les liquides et les gaz se fondent tous à nouveau en l'*âkâsha*, et la création suivante proviendra de même de cet *âkâsha*. »[1]

Pénétrer dans la lumière, être touché par la lumière, c'est sentir que l'on baigne dans cette énergie et que l'on accède à ses potentialités qui transcendent totalement celles de la matière. C'est là que se manifeste la réalité transpersonnelle (ou mystique, ou religieuse, selon les croyances et préférences de chacun) de l'expérience de la mort : les choses et les événements cessent d'exister en fonction des liens de causalité qui semblent les unir (cela pouvant être une causalité que l'on interprète ou dont on a même mémorisé l'interprétation) pour n'exister qu'en fonction de leur signification profonde et réelle (cela correspond à la disparition des signifiants menant à l'émergence d'un signifié absolu). L'espace d'un moment, on a pu percevoir les informations hors de ce champ de causalité, alors qu'elle n'était pas organisée suivant un ordre causal induit par la notion d'écoulement du temps dans un sens déterminé, mais en fonction des relations de leurs signifiés et des affinités qui en découlent. Comment alors revenir à des choses qui n'ont pas de sens, les vaines poursuites matérielles, alors que l'on sait qu'il n'y a rien derrière leurs signifiants ? Transpersonnel ne signifie pas que l'on doit se défaire de toutes les réalités matérielles, Siddhârta est rapidement revenu de cette erreur pour l'enseigner à tous. Ce n'est pas une idée de dépouillement qui prime, mais une idée de se dépouiller de ce qui ne nourrit pas son essence, son « est-sens ». Se séparer du matériel nous mettrait dans la polarité du dualisme et ne ferait qu'alimenter l'énergie de la séparation entre le corps et l'esprit. Le transpersonnel est ce qui appartient au domaine de l'imaginal et qui va venir articuler cette trinité sacrée qui existe entre

1. Cf. : Wikipedia : *Âkâsha* (sanskrit).

MONDE SENSIBLE – MONDE IMAGINAL – MONDE INTELLIGIBLE et qui permet à l'être humain de réaliser son unité et de transcender sa propre réalité : celle qui lui permet de prendre conscience qu'il n'existe qu'en tant que partie d'un tout.

LA DÉCOHÉRENCE QUANTIQUE :

Dans cette théorie, les particules quantiques et leur environnement s'enchevêtrent, leurs propriétés ne sont plus intrinsèques, mais dépendent de cet environnement. C'est en quelque sorte une perte de comportement qui existe du fait de cette interaction. D'une certaine manière, une particule supralumineuse perdrait ses capacités supralumineuses lorsqu'elle est confrontée à un environnement sous-lumineux.

Cela reviendrait tout simplement à dire que cette théorie du physicien allemand Heinz-Dieter Zeh nous aiderait à conceptualiser l'idée selon laquelle une personne qui s'enferme dans des illusions du monde sensible se coupe peu à peu de leur accès au Soi et au monde imaginal et supralumineux.

C'est d'une certaine manière une extrapolation ce que l'on retrouve avec l'épigénétique où l'environnement va affecter la qualité du travail de codage des molécules par l'ADN, donc de l'information. Certes, il y a un saut gigantesque entre les deux, mais là aussi l'environnement va influer sur les propriétés de l'individu, ses informations fondamentales et la qualité de son existence. Ce qui est particulièrement intéressant, c'est que cette épigénétique est surtout liée à la perception que l'on a de notre environnement, quelle qu'en soit la qualité.

Qu'est-ce que la petite mort ?

> « Le temps, l'espace, la vue et la réalité ont leurs tours et détours que seul un rêveur peut percer à jour. »
>
> H. P. Lovecraft, *La clef d'argent* (1926)

Nous voici arrivés à cette partie que nous voulions aborder en écrivant ce livre. Le plus étrange, c'est qu'en écrivant ces premières lignes de ce chapitre, nous nous demandons s'il restera quelque chose à y dire. Tout ce que nous avons abordé précédemment était pour amener cette notion de la petite mort, dans son sens premier, cette expérience de la mort symbolique, la mort de l'ego.

Le terme de « petite mort » a été attribué à la notion d'orgasme sexuel (vers la fin du XIXe siècle) en cela qu'elle pouvait provoquer ce que la petite mort impliquait normalement, à savoir, une perte ou un affaiblissement temporaire de la conscience, et parce qu'elle s'assimilait à l'impression qu'elle donnait d'une personne proche de mourir. D'une manière générale, cela fait référence à la notion d'extase transcendantale que l'on peut vivre durant certaines expériences où l'on a l'impression que quelque chose meurt à l'intérieur de soi.

Dans cette petite mort, nous retrouvons donc la notion de mort, le terme « petite » étant là pour permettre de différencier l'expérience vécue d'une mort physique réelle. Nous sommes donc, comme nous l'avons maintes fois évoqué, dans une notion de mort symbolique, spirituelle ou psychique. Cette terminologie est celle qui sera donc la plus pratique pour englober toutes les expériences de mort dont nous avons parlé jusqu'à maintenant ; sachant que même si elle est symbolique, spirituelle ou psychique, cette mort de l'ego induit la

Fig. 6 : Thangka bouddhiste

disparition d'une partie de la personne qui vit l'expérience. Donc naturellement, après avoir aussi longuement parlé de la mort, il nous faut à présent parler de l'ego.

Le Soi, l'ego, le supra- et le sublumineux

Le mot « ego » vient du mot latin pour « je », il a été introduit dans son usage moderne par Sigmund Freud. Freud considérait l'ego (ou le moi) comme la partie du Soi qui fait l'intermédiaire entre le *ça* animal et le *sur-moi* moral. L'ego, prend les appétits du *ça* et les transforme pour qu'ils soient acceptables pour le *sur-moi*.

Lorsqu'il a repris les travaux de Freud, Carl Jung les a adaptés en fonction de sa propre vision. Dans son modèle, le soi est composé de l'ego ou moi, de l'ombre et de la *persona*. Le moi est la partie de nous-mêmes dont nous sommes conscients : les pensées, les émotions et les souvenirs accessibles à notre esprit conscient. L'ombre est la partie de nous-mêmes dont nous ne sommes pas conscients - « l'ombre » projetée par la lumière de la conscience. La *persona* est ce que nous présentons au monde extérieur – notre « masque ». Quand l'ego laisse des parties du Soi cachées et non traitées, ces parties glissent vers l'ombre.

Lorsqu'il s'agit de définir ces terminologies (conscient, inconscient, mon moi et mon sur-moi) et de donner les relations qui peuvent exister entre elles, nous préférons généralement l'approche de Roberto Assagioli[1]. Ce qu'il y a de particulièrement intéressant, c'est que cette pensée s'accorde assez facilement avec l'expérimentation chamanique, notamment pour tout ce qui touche aux subdivisions existantes dans le conscient et l'inconscient. Mais aussi parce que l'on y retrouve la stabilité de notre trinité qui charpente notre ouvrage actuel. Si l'on s'intéresse à cette cartographie de l'inconscient, nous allons retrouver trois « zones » distinctes :

- **L'inconscient inférieur** dans lequel nous allons retrouver toutes les blessures et les souffrances passées, enfouies ou refoulées, les conflits psychiques qui affectent l'individu sans que celui-ci n'en ait réellement conscience. C'est la fameuse partie qui fait si

1. Roberto Assagioli (1888 – 1974) est un médecin neuropsychiatre et pionnier de la psychanalyse italienne. Au départ disciple de Freud, il se sépara du maître pour développer sa propre approche de la psychothérapie, qu'il appela la psychosynthèse.

peur et qui est responsable de la diabolisation de l'inconscient. Elle est inaccessible par la conscience ordinaire et gère tout ce qui touche au pulsionnel, à l'instinctif, le réactionnel pur qui s'exprimera en fonction de ses contenus.

- **L'inconscient moyen** qui est le siège des capacités, des comportements, des émotions et sentiments, des pensées et du mental, de la créativité et de l'imagination. Il gère tout ce qui touche aux procédures d'apprentissage, d'intégration, de synthèse permettant de structurer l'expérience vécue par l'individu.
- **L'inconscient supérieur** est celui qui va permettre l'intériorisation, c'est l'inconscient de la profondeur et de l'ascension, celui qui permet le cheminement et le développement. Il est le siège des dons de puissance, de l'éveil et de l'illumination, de la béatitude, de la libération intérieure. C'est aussi une partie qui est inaccessible dans un ECO et qui nous intéresse tout particulièrement dans le sens où c'est celle-ci qui se révélera dans l'imaginal et avec laquelle l'individu cherchera à entrer en dialogue (c'est aussi le cas avec les autres parties de l'inconscient, mais celle-ci ne réserve généralement pas de moments difficiles lorsqu'on y est confronté).

Viennent ensuite les différentes parties de la conscience qui permettent notamment à l'individu de percevoir sa propre réalité et de définir cette individualité dans son environnement et en rapport avec tous les autres éléments qui s'y trouvent (objets et autres individualités) :

- **Le champ de conscience** est ce qui permet l'expérience directe du monde sensible, ce qui permet à l'individu d'expérimenter dans l'instant tout ce qui se passe à l'intérieur et à l'extérieur. C'est la perception des informations qui parviennent à l'inconscient moyen pour lui permettre de structurer ses réactions, ses comportements et de définir la nature de ses expériences.
- **Le Moi (l'ego)** est ce qui va permettre les fonctions d'attention consciente et de volonté, ce qui va déterminer la direction que l'individu choisit de suivre. Le Moi est celui qui va expérimenter le champ de conscience et qui va s'y identifier, ses perceptions directes vont influencer ses fonctionnalités, tout en conservant une certaine indépendance du contenu de ce qui est expérimenté. Ce n'est pas une séparation, mais le Moi et le contenu de l'expérience restent bien distincts. Le Moi est un reflet du Soi avec lequel il doit rester aligné dans l'idéal.

- **Le Soi (ou Moi supérieur)** sera distinct, mais non séparé de l'expérience. C'est là où l'individualité et l'universalité se confondent. Dans une vision dualiste, le Soi est vécu comme centre de l'expérience, avec l'autre en périphérie[1].

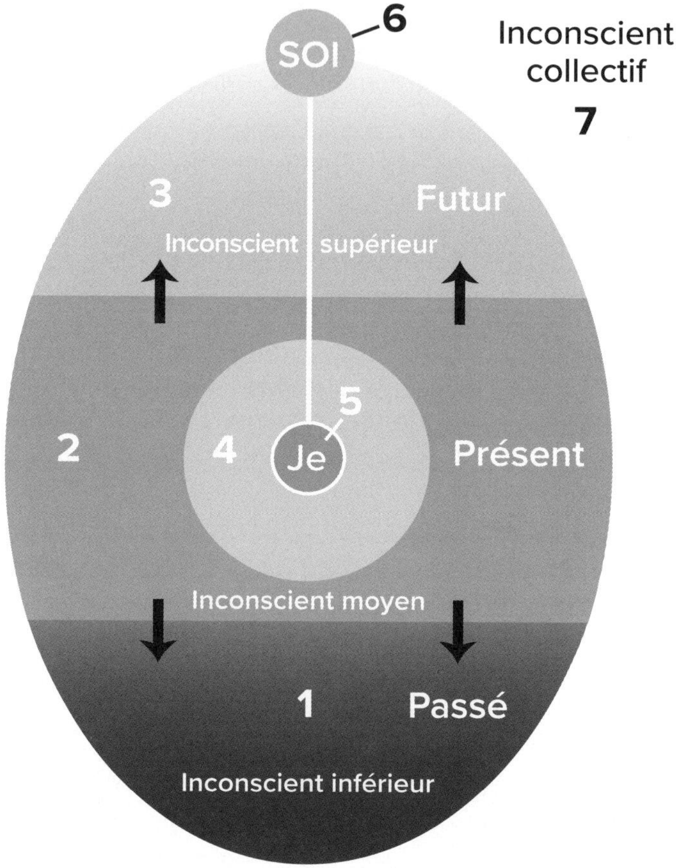

Fig. 7: Représentation des structures conscientes et inconscientes selon Assagioli

1. Texte extrait de *Visions chamaniques: l'Ayahuasca et l'imaginal*, Sébastien Cazaudehore, Véga.

1. **Inconscient inférieur** : centre des pulsions primitives, des blessures de l'enfance, des désirs refoulés.

2. **Inconscient moyen** : centre des activités créatrices, imaginaires et intellectuelles, lieu de gestation.

3. **Inconscient supérieur ou supraconscient** : centre des intuitions profondes, des états altruistes et des facultés les plus élevées de l'esprit.

4. **Champ de conscience** : territoire où se manifeste le flot incessant de sensations, d'images, de pensées, de sentiments, de désirs...

5. **Soi conscient ou « Je »** : centre de la conscience et de la volonté, capable de prendre ses distances par rapport aux aspects de la personnalité.

6. **Soi supérieur ou spirituel (transpersonnel)** : là où l'individualité et l'universalité se confondent.

7. **Inconscient collectif** : magma dans lequel nous baignons, animé par les structures archaïques et les archétypes.

L'ego, le Moi assagiolien, est la partie qui fait la médiation entre les différentes zones de l'esprit, le segment conscient d'un complexe plus large et l'ensemble de réponses conditionnées venues du passé. C'est la personnalité, une interface qui existe entre l'individualité et le monde qui l'entoure. La mort de cet ego est initiée par une profonde perturbation dans le fonctionnement de la conscience normale, que ce soit par le biais de substances enthéogènes ou psychotropes, ou même par la méditation. C'est l'expérimentation d'une « séparation » de l'ego et de pouvoir observer la psyché d'un point de vue extérieur, détaché. Dans la vision bouddhiste, l'ego est aliéné par les attachements, les désirs et les peurs, qui nous empêchent d'atteindre la véritable pleine conscience du Soi. C'est le masque que l'on crée et que l'on place devant nos yeux pour changer et adapter notre vision du monde à notre représentation interne ; cette représentation interne que l'on construit dans un processus de façonnage de la personnalité autour du corps comme référent.

Dans l'expérience de la petite mort, le Soi se détache de l'ego pour révéler et exprimer ses capacités cognitives supralumineuses et observer la psyché et ses différentes structures d'une manière objective, c'est-à-dire en fonction de leur signification et pas des liens de causalité qui a mené à leur structuration. L'ego, qui peut observer au travers de l'œil du Soi, aura alors la capacité d'appréhender le sens profond de cette réalité psychique… que le constat lui plaise ou non. Cette expérience sera alors une véritable sentence de mort pour certains de ces attachements et de ces structures psychiques ; après une telle épreuve, il est difficile, voire impossible, de retourner aux attachements de l'ego du passé comme si de rien n'était. Ces éléments, qui ont été révélés par ce constat sans voile ni filtre, ne peuvent plus être ignorés par la conscience ni même réinterprétés pour réintégrer leurs anciennes fonctions. Cela reviendrait à essayer de tout balayer sous un tapis en espérant que l'on réussira à oublier que c'est là. Ça ne fonctionne pas, jamais totalement en tout cas. La vérité sur notre propre réalité, une fois mise en lumière, ne peut plus retourner dans l'ombre. Alors, cela entraîne un changement de paradigme qui vient nourrir le principe néguentropique de l'essence supralumineuse en lui permettant d'atteindre un niveau d'ordre et d'information supérieur. De nouvelles structures vont se mettre en place, sur une base plus saine, et si la personne doit à nouveau vivre une petite mort, cela se fera de manière très différente, car la nouvelle expérience se fera sur une base et des structures différentes, qui auront évolué. Comme pour les cérémonies de Ayahuasca, il n'y a pas deux expériences similaires, chacune entraînant une évolution, même minimale de la personne, et c'est ce qui mène au constat de l'impermanence des choses et des réalités. Car si nous sommes sortis de l'inertie liée à la peur, que nous sommes capables de fournir une entropie spirituelle ne serait-ce que légèrement positive qui va venir nourrir la néguentropie de notre principe de conscience supralumineux, alors, nous avancerons. Pas à pas. Compréhension de nous-mêmes par compréhension de nous-mêmes. Révélation par révélation. Pouvant voir un peu plus loin à chaque fois sur le chemin vers la lumière, vers l'illumination.

La chute de l'ego est cette destruction, cette mort symbolique qui permet d'avancer vers une reconstruction et une renaissance. Un enfant naît avec un Soi, mais pas avec un ego. Son Soi est inconscient, et c'est à mesure qu'il devient social qu'il développe un ego, et plus il devient social, plus l'ego se développe. Notre ego, la source de nos attachements, de nos désirs et de nos peurs, se trouve à la périphérie, à la frontière de notre être, celle qui fait le lien entre le Soi et les autres autour. La première conscience de l'enfant vient avec la conscience du « je », de l'ego et non du Soi, l'ego devient une couverture enveloppant le Soi à mesure qu'il se sent séparé de tout ce qui l'entoure. Le Soi quant à lui, est l'essence de l'individu, il ne peut pas être enseigné, il ne peut pas être forcé. Le Soi est intrinsèquement rebelle et individuel. On ne peut pas le forcer à faire partie de la société. L'ego existe pour lui-même. Lorsqu'un petit enfant choisi ou décide quelque chose, il le fait sans considération pour une éventuelle conséquence ou répercussion, il n'existe pas de lien de causalité entre les choses, il n'y a que la décision, les choses sont alors uniquement perçues comme étant bonnes, mauvaises ou neutres. L'ego étant causal et conditionnel, il est l'opposé de l'Amour, qui s'apparenterait à une réalité du Soi ; c'est dans le Soi que l'on peut le ressentir, une fois détaché de l'ego. Pour donner une image simple, l'ego et l'amour sont les deux faces d'une même pièce, si l'on peut observer l'une, alors l'autre n'existe plus. Si l'on sort de notre analogie, ce qu'il faut comprendre, c'est que ces deux principes ne peuvent pas exister simultanément, quel qu'en soit le degré d'importance, c'est tout ou rien. Si l'on est dans l'ego, l'amour n'existe pas, de même que l'amour véritable et inconditionnel existe sans ego.

L'EGO

« L'ego n'existe nulle part ailleurs que chez les êtres humains, et l'ego commence à grandir à mesure que l'enfant grandit. Les parents, les écoles, les collèges, l'université, ils aident tous à renforcer l'ego pour la simple raison que pendant des siècles, l'homme a dû lutter pour survivre et l'idée est devenue une fixation, un conditionnement profond et inconscient, que seuls des egos forts peuvent survivre dans les épreuves de la vie. La vie est juste devenue une lutte pour survivre. Et les scientifiques l'ont même rendu plus convaincant avec la théorie de la survie du plus fort. Nous aidons donc chaque enfant à devenir de plus en plus fort dans l'ego, et c'est de là que le problème provient.

Alors que l'ego devient fort, il commence à envelopper l'intelligence comme une épaisse couche d'obscurité. L'intelligence est la lumière, l'ego est l'obscurité. L'intelligence est très délicate, l'ego est très dur. L'intelligence est comme une fleur de rose, l'ego est comme un rocher. Et si tu veux survivre, disent-ils – les soi-disant connaisseurs – alors tu dois devenir comme un rocher, tu dois être fort, invulnérable. Tu dois devenir une citadelle, une citadelle fermée, ainsi, tu ne peux pas être attaqué de l'extérieur. Tu dois devenir impénétrable.

Mais alors, tu deviens fermé. Alors, tu commences à mourir en ce qui concerne l'intelligence parce que l'intelligence a besoin du ciel ouvert, du vent, de l'air, du soleil pour grandir, pour s'élargir, pour couler. Pour rester en vie, elle a besoin d'un flux constant ; si elle devient stagnante, elle devient progressivement un phénomène mort. »

Osho, Tao : *The Golden Gate*, Vol. 1, Talk #7

LE SOI

« Il n'y a pas de dualité. Votre connaissance actuelle est due à l'ego, et elle n'est que relative. La connaissance relative a besoin d'un sujet et d'un objet, tandis que la conscience du Soi est absolue et n'a pas besoin d'objet. Le Soi est seulement existence, mais différent de l'existant et du non-existant ; il est connaissance, mais différent du savoir et de l'ignorance. Dans quelle mesure est-il définissable ? Il est simplement existence. »

Ramana Maharshi, extrait de « Je suis »

La mort de l'ego devient alors le passage obligé pour réussir à se rapprocher du Soi. C'est l'un des paradoxes de la petite mort: mourir pour se rapprocher de ce qui est immortel en nous. Comme nous l'avions mentionné, le concept de temps linéaire et d'espace-temps naît avec l'apparition de l'ego, notre conscience supralumineuse existe en dehors du temps. La mort de la conscience est le but de l'évolution, c'est ce qui peut nous permettre d'être immortel tout en étant incarné.

Un autre paradoxe intéressant qui existe dans la notion de destruction de l'ego tient au fait qu'il sera toujours plus facile de détruire un ego fort et solidement construit qu'un ego faible ou immature. Très simplement, pour pouvoir perdre son ego, s'en défaire, il faut commencer par en avoir un et pouvoir l'atteindre, seul un fruit mûr peut tomber de l'arbre. C'est ce qui explique aussi qu'il ne faut pas essayer de provoquer les petites morts et qu'elles ne surviennent que lorsque la personne est prête à les vivre. Idéalement, il faut donc qu'une personne ait un ego bien structuré et fort pour qu'il soit possible de s'en défaire. Cela ne veut pas dire que seules des personnes arrogantes, matérialistes, carriéristes... peuvent y parvenir, cela ne serait que considérer la polarité très négative de l'ego. Mais qu'il faut que les structures psychiques soient bien stables, que la personne se définisse bien en tant qu'individu au travers d'une personnalité bien construite, que cela soit seulement autour de son corps ou pas. Un ego immature sera donc beaucoup plus difficile à atteindre et à dissoudre, car beaucoup plus mal défini. C'est un paradoxe, car dans la philosophie orientale, la mort de l'ego est une expérience dont on prône les vertus et les valeurs, elle est toujours présentée comme le passage vers l'illumination, la transcendance de l'esprit... mais ils mettent en garde contre les dangers liés à un ego fort et toutes les mauvaises choses qui en découlent dans la vie d'une personne.

À l'inverse, dans la conception occidentale, l'ego est un prérequis presque nécessaire pour assurer la survie de l'individu. Sans ego, comment ne pas se laisser écraser par les autres et résister à la compétition ? Comment survivre ? On a besoin d'un ego fort, trempé pour se battre, pour rivaliser et tenir le coup, pour faire face à ce que la vie peut nous réserver. Alors on atteint l'ego, on construit l'ego, on s'enferme dedans, comme s'il s'agissait de remparts inviolables... et c'est cet ego qui sera le plus facile à détruire, à décomposer pour initier une expérience de mort de l'ego à l'instant où la personne réalise, l'espace d'un instant, que son ego est à la source de ses souffrances. C'est donc ici que réside le paradoxe : en Occident, l'ego est enseigné, en Orient, l'absence d'ego est enseignée. Mais en Occident, il est facile de dissoudre l'ego, en Orient, c'est très difficile. Plus on construit l'ego, plus on s'entoure d'illusions pour lui donner une raison d'exister, et plus cela le rendra vulnérable. Dans les deux cas, la tâche est plus difficile (voire pénible) qu'il n'y paraît. L'Occidental aura la tâche de perdre quelque chose à laquelle il s'est parfois farouchement accroché, et dont certaines de ses croyances dépendent pour exister. L'Oriental doit entrer dans une quête visant à détruire quelque chose qu'il est presque culturellement inconvenable de construire.

Quel que soit l'enjeu, et comme nous allons le voir dans le chapitre suivant, ce processus demandera à l'individu de faire face à son plus grand ennemi : lui-même.

Le devenir de l'ego

Même lorsque l'on détruit certaines de ses structures, même lorsqu'il meurt un peu à chaque fois, l'ego ne disparaît pas tant que nous ne mourrons pas vraiment. L'ego aura toujours sa fonction et son utilité sociale. En revanche, la ou les petites morts (s'il y a répétition de l'expérience) vont travailler comme le ferait un forgeron avec une pièce de métal brute : il va la fondre et la refondre, la modeler et la marteler, changer sa forme (donc changer son information, du latin « *informare* ») jusqu'à obtenir l'outil qu'il recherche, celui qui sera adapté à sa main et à son ouvrage.

Ce que nous faisons lorsque nous refaçonnons notre ego est de le transformer en un outil que le Soi pourra utiliser efficacement, en fonction de ses besoins, de ses réalités et de ses nécessités. À chacune de ses renaissances, l'ego est un outil un peu mieux adapté pour faire ce travail, il évolue pour se rapprocher du Soi et qu'il n'y ait plus de rupture entre les deux, l'individualité et la personnalité se confondent peu à peu. Le Soi étant l'interface entre l'individualité et l'universalité, et l'ego étant celle entre l'individualité et le monde environnant, ce rapprochement est ce qui permettra donc d'enfin pouvoir lier le monde sensible et le monde intelligible, que l'on soit plus à même de percevoir le monde avec nos idées et nos pensées plutôt qu'avec nos simples organes des sens. Les limites ne sont plus les mêmes, car ces pensées sont capables de voir au-delà de la peur et des illusions.

Tout l'objet de ce travail, de ces expériences est d'arriver à cela: faire de votre ego l'outil de votre propre évolution. Il ne faut pas rejeter l'ego, il ne faut pas le diaboliser, le nier ou le dénigrer, et encore moins en avoir honte. Puisqu'il est possible de le modeler à notre image, alors il est essentiel de l'utiliser correctement, et de bien déterminer l'impact de chaque coup de marteau que l'on donnera. Mais pour pouvoir faire cela et réussir à bien connaître son Soi, il faudra apprendre à bien connaître son ego, ses forces et ses faiblesses, c'est le seul moyen de le changer efficacement.

L'EGO SELON OSHO:

- *L'ego se rebelle et crée la peur pour qu'on ne le tue pas, pour convaincre la personne de ne pas quitter le connu.*
- *L'ego est partout, lorsque l'on pense qu'on est humble, ou que l'on agit par compassion, on est dans l'ego, lorsque l'on dit que l'on n'est pas dans l'ego... on est dans l'ego. La misère nourrit l'ego et le bonheur est essentiellement un état sans ego. Le bonheur te retire beaucoup de choses, la misère, l'ego semble te rendre spécial, le bonheur est l'amour universel, il n'y a rien de spécial ou spécifique à cela.*
- *L'ego se nourrit aussi de notre désir d'être autre chose, donc la recherche de la petite mort nourrit l'ego, c'est aussi pour cela qu'elle survient souvent par accident, lorsqu'on s'y attend le moins; l'ego absorbe tes énergies de ces désirs.*
- *L'ego meurt quand on l'accepte, lorsque l'on accepte qui nous sommes, lorsque l'on abandonne les tensions à propos du futur, l'ego existe en se basant sur le passé et le futur, l'acceptation de soi est dans le présent; ce que j'ai été et ce que je veux devenir sont très différents de ce que je suis. Parvenir au présent est la mort de l'ego.*
- *L'ego se nourrit par la friction, le décalage qui existe entre le réel et l'idéal, l'idéal amène l'ego, il projette, abandonner ses idéaux pour revenir au présent et au réel et accepter l'ego. Être entier est être sain et être sain est être sacré, l'ego ne veut pas être entier, il existe dans la division, dans le conflit.*

- *L'ego n'est qu'une idée, une notion, on ne peut pas la laisser tomber, on peut seulement la comprendre, la seule manière de s'en débarrasser est de l'examiner et de le connaître.*
- *Si l'amour conduit à la misère, ce n'était pas de l'amour mais de l'ego, s'il conduit à la béatitude, c'était de la nature. Dans l'amour, tout s'accorde, tout est harmonieux.*

Une expérience paroxystique parfois difficile

Lorsque nous parlions des NDE comme étant la première fenêtre ouverte sur l'expérience de mort au début de cet ouvrage, nous avons rapidement mentionné quelques signes caractéristiques de cette expérience. Nous avions même évoqué que certains chercheurs catégorisaient l'importance ou l'intensité de ces expériences en fonction du nombre de ces éléments que l'on y retrouvait (OBE, Lumière, tunnel...).

Ce qui est particulièrement intéressant, c'est que ces différents éléments perçus durant une NDE sont les mêmes qu'avec n'importe quelle petite mort, et que de la même manière, selon l'intensité de celle-ci, on retrouvera ces éléments en plus ou moins grand nombre au cours de l'expérience. Lorsque nous nous intéressons à ces éléments, le problème est que nous avons tendance à nous concentrer sur la manifestation elle-même, comme un « symptôme » de l'expérience, les signifiants qui l'accompagnent. Cependant, il est possible de s'intéresser à ces éléments dans la profondeur de leur sens, de leur signifié, ou tout au moins de définir leur nature pour que chacun puisse y trouver le sens qu'il perçoit. Nous avons longuement parlé de cette lumière pure et intense, un élément majeur que l'on retrouve dans toutes ces expériences de bonne intensité et un signifiant pour la conscience qui est devenu presque une image d'Épinal, mais un signifié d'une richesse incroyable dont on ne parle pas assez.

Les travaux d'Abraham Maslow[1], notamment en ce qui concerne ses travaux sur les expériences paroxystiques, nous donnent une

1. Abraham Harold Maslow, né le 1er avril 1908 à New York et mort le 8 juin 1970 à Menlo Park en Californie, est un psychologue américain humaniste, considéré comme le père de l'approche humaniste en psychologie.

approche très intéressante de ces différents éléments en cela qu'il les décrit en fonction de leurs signifiés plus que leur signifiant. Cette expérience paroxystique, comme les expériences mystiques ou les petites morts, ne peuvent se réaliser selon Maslow que lorsque l'individu a satisfait ses cinq besoins primaires :

- **Les besoins physiologiques** qui sont directement liés à la survie des individus ou de l'espèce. Ce sont typiquement des besoins concrets (faim, soif, sexualité...).
- **Le besoin de sécurité** qui consiste à se protéger contre les différents dangers qui nous menacent. Il s'agit donc d'un besoin de conservation d'un existant, d'un acquis. Il s'inscrit dans une dimension temporelle.
- **Le besoin d'appartenance et d'amour** qui révèle la dimension sociale de l'individu qui a besoin de se sentir accepté par les groupes dans lesquels il vit (famille, travail, association...).
- **Le besoin d'estime** qui prolonge le besoin d'appartenance. L'individu souhaite être reconnu en tant qu'entité propre au sein des groupes auxquels il appartient.
- **Le besoin de s'accomplir** qui est selon Maslow le sommet des aspirations humaines. Il vise à sortir d'une condition purement matérielle pour atteindre l'épanouissement.

Ce que l'on comprend déjà rapidement, c'est que si notre capacité à vivre une expérience de petite mort dépend de la satisfaction de ces besoins, il faut que comme Siddhârta Gautama nous prenions soin de notre corps et que l'on se mette à l'abri des dangers, mais aussi que l'on construise correctement son ego. Ces besoins sont donc des besoins physiques, sociaux et transpersonnels (pour le dernier). Encore une fois, un bon ego, un ego fort, ne doit pas être un ego excessif, il n'y a pas forcément et systématiquement de connotation négative dans ce terme. Personnellement, nous aurions une préférence pour la répartition de besoins primaires selon la grille proposée par Anthony Robbins et ses six besoins fondamentaux (Certitude – Incertitude – Importance – Connexion et amour – Grandir – Contribuer/donner[1]), mais par souci de cohérence intellectuelle avec le sujet présent, nous allons conserver cette répartition de Maslow.

1. Voir *27 Clefs pour révéler votre potentiel*, par Sébastien Cazaudehore, Bussière, 2018.

La satisfaction de ces besoins primaires serait donc ce qui permet de préparer l'individu à vivre une expérience de petite mort, mais il reste certainement une notion importante qui pourra permettre de la déclencher : une insatisfaction. Si la personne avait réellement atteint le bonheur, elle n'aurait jamais besoin de vivre cette expérience, il faudrait donc considérer que c'est dans le besoin de s'accomplir, ce besoin transpersonnel, que résidera toujours l'insatisfaction de l'individu. Et paradoxalement, le fait de vivre l'expérience de petite mort sera l'occasion idéale pour l'aider à comprendre que c'est justement la satisfaction excessive de certains de ses besoins qui entraîne cette insatisfaction latente.

La satisfaction des besoins matériels et égotiques est ce qui va à la fois, causer l'insatisfaction de l'individu en l'empêchant de satisfaire son besoin de s'accomplir à un niveau transpersonnel, et permettre de déclencher l'expérience qui va l'aider à prendre conscience qu'il doit remettre en question sa quête de satisfaction de ses besoins matériels. Ce ne sont donc pas les besoins matériels qui sont problématiques, mais la manière dont nous les satisfaisons, et les raisons qui nous poussent à les satisfaire. Le piège le plus commun sera de confondre un besoin de s'accomplir à un niveau transpersonnel pour évoluer, et le besoin de s'accomplir matériellement pour tenter de combler un problème d'estime de soi ou d'appartenance. Mais revenons-en à ces éléments caractéristiques d'une expérience de mort.

Les voici tels que Maslow les a décrits[1] :

- **Perception d'une unité** (équivalence aux expériences mystiques)
  - Parallélisme intérieur / extérieur
  - L'objet est perçu comme s'il contenait tout l'univers, tout ce qui existe
  - Perte de l'évaluation spatio-temporelle
- **Détachement** et oubli du « moi » : le monde n'est plus perçu en fonction des motivations, des désirs et des besoins
  - Les scènes sont perçues sans lien avec les enjeux personnels
  - L'expérience n'est pas relative aux conditions personnelles, culturelles, temporelles, spatiales…

1. Abraham Maslow *Toward a psychology of being*, 1968.

- L'attention est entièrement et exclusivement concentrée sur **l'objet de connaissance** (l'objet perçu)
  - La connaissance est plus passive et réceptive qu'active
  - Simultanéité de l'abstraction et d'être concret
- **Capacité d'aimer**, de ne pas condamner, de compatir et d'accepter avec humour le monde et les êtres
  - Pas de classification des êtres : prise en compte de l'individualité de chacun
- **Disparition temporaire et complète de la peur**, de l'anxiété et de l'inhibition
  - Levée des défenses, perte du contrôle, acceptation de différer, renoncer ou restreindre
- La **réaction émotionnelle** a une saveur de merveilleux : crainte, humilité, respect, abandon face à quelque chose de grand
  - L'expérience est bonne et souhaitable : crainte, étonnement, émerveillement, humilité, respect, exaltation, piété, sacré
- **Valeurs** « E » spontanées : intégrité, perfection, achèvement, justice, vie, richesse, simplicité, beauté, bonté, unicité, facilité, jeu, honnêteté, autonomie
- **L'expérience se suffit** : elle s'auto-justifie, elle est une fin en soi, pas un moyen pour autre chose
- La **répétition** d'une expérience enrichit l'expérience

Nous avons déjà décrit certains de ces éléments, mais revenons brièvement dessus :

La notion **d'unité** est très importante car caractéristique de la nature même d'une conscience universelle supralumineuse. L'absence de temps, et donc d'espace-temps ne laisse que l'existence de l'unité possible. Dans cette unité vont se trouver des signifiants caractéristiques : lumière blanche (celle qui unit toutes les couleurs), silence… Cela ne veut pas dire que plus rien n'existe dans cette unité comme le laisseraient entendre les signifiants, mais justement que tout existe.

Le **détachement** est corollaire de l'émergence du soi et de la dissolution de l'ego. Nous abandonnons la notion de causalité dans les relations qui lient les objets et les événements entre eux pour ne plus voir que leurs signifiés et les affinités qui les unissent. Et c'est justement ce qui va permettre cette focalisation sur l'objet de connaissance, puisque celui-ci est débarrassé de toute notion de causalité, il devient possible d'établir un lien de sens direct avec lui. On cesse alors de dépendre de l'objet pour satisfaire un besoin, et ces besoins ne deviennent plus excessifs. Développer la causalité en relation au temps est ce qui cause l'attachement aux choses et qui rend nos besoins conditionnels à des éléments extérieurs à nous-mêmes.

L'expérience **d'amour total** et véritable apparaît naturellement lorsque l'ego disparaît. Rappelez-vous que l'un ne peut exister avec l'autre, donc si l'un vient à disparaître, l'autre existera totalement. De cela découle l'extinction de la peur (consécutive au lâcher-prise conscient initial). La peur existe dans l'ego puisque l'ego est construit autour du corps, en fonction de notre identification au corps. Elle est la conséquence de cette causalité dont nous parlions et du caractère conditionnel de la satisfaction de nos besoins. Nous allons largement revenir sur ces principes.

Toujours en conséquence de cette dissolution de l'ego, lorsque l'on constate l'existence de cette unité, baignée dans l'amour total, que l'on est détaché de considérations matérielles et que l'on n'est plus centré sur notre corps pour déterminer la nature de la réalité, alors on peut observer le tout dans son infinité et réaliser la véritable nature de la réalité et la place que l'on y occupe vraiment. Cela fait relativiser beaucoup de choses. Et de cette même capacité à relativiser les choses on peut alors rapidement déterminer quelles sont les valeurs qui seront réellement en adéquation avec cette réalité que l'on a pu percevoir l'espace d'un instant[1].

Dans tous les cas, et comme pour tout ce qui touche au supra-lumineux, l'expérience EST, et rien d'autre. Elle est libre de toute causalité et n'existe que dans son signifié. Lorsque Maslow précise que la répétition enrichit l'expérience, vous comprendrez aisément qu'il fait référence au fait que lorsque l'on revient dans un nouvel ego, même reconstruit à partir des enseignements obtenus dans l'expérience... il restera quand même un peu de travail derrière,

1. Ces notions de valeurs et de croyances sont très importantes en ce qui concerne la construction de l'ego. Ces croyances (principalement les limitantes) sont généralement celles qui sont le plus visées dans un processus de petite mort. Si vous voulez vous intéresser plus à ces questions, vous pourrez vous référer à notre ouvrage *27 clefs pour révéler votre potentiel*, Bussière.

un nouvel ego à dissoudre plus tard[1], nous ne sommes pas tous si proches que cela de l'illumination bouddhiste.

Évidemment, de tout cela va découler un ensemble de conséquences positives, de bienfaits que l'on pourra espérer retirer d'une telle aventure. Voici une idée de ce que peuvent être ces bienfaits :

- On se cache moins la vérité. L'expérience nous apprend à faire face et accepter les vérités, libre des liens de causalités, existant uniquement dans leur signification profonde. Une fois à nue et acceptée, il sera beaucoup plus facile de vivre avec, si tant est que nous agissons sur ses enseignements et que nous grandissons.
- La mort de l'ego est un acte de courage. Comme nous allons le voir ensuite, ce n'est pas une expérience nécessairement facile et sans risque, et la simple idée d'avoir à nous faire face à nous-mêmes, sans filtre et sans demi-vérités, n'est pas quelque chose de facile. Mais le courage est aussi ce qui nous permet de nous dépasser. Ceci apporte une grande fierté qui viendra nourrir nos besoins d'accomplissement et d'évolution… ainsi que notre ego.
- La mort de l'ego nous pousse à nous reconnecter à toutes nos émotions, et à nous libérer de certaines que l'on entretenait parfois trop, au détriment de notre capacité à atteindre le bonheur. En vivant ces émotions à l'extrême durant l'expérience, il devient possible de prendre conscience de toutes et de comprendre quelles sont celles avec lesquelles on voudra vivre. Les émotions sont des informations sur un état, et certaines peuvent être aussi bien exacerbées, que d'autres seront niées.
- La mort de l'ego peut nous rendre meilleurs. Toutes les leçons et les enseignements reçus, sont donnés dans l'unité et dans l'amour absolu et total, libre des causalités, du temps et de l'interprétation des signifiants, on reçoit un sens pur. Si l'on intègre ces enseignements dans notre vie, on évoluera dans et avec ce sens, dans l'amour de soi-même, des autres, de la vie.
- L'expérience peut avoir un effet thérapeutique chez beaucoup de personnes, psychothérapeutique évidemment, mais pas seulement. Ces processus ont souvent tendance à favoriser une élévation des taux de Sérotonine qui auront des vertus thérapeutiques très bénéfiques pour le corps.

1. On ne dissout jamais tout l'ego, juste des parties, quelle que soit l'intensité de l'expérience, la majorité reste en place, seules sont atteintes les parties les plus problématiques. De plus, à la suite de cette dissolution, les anciennes structures sont remplacées par de nouvelles qui, bien que forcément plus adaptées, ne seront peut-être pas idéales pour autant.

- Elle mène vers un assainissement de la perception de soi-même ; accepter de se voir vraiment permet de dépasser beaucoup de problématiques et d'atteindre une plus grande estime de soi, d'amour de soi.
- Cela va entraîner un changement de représentation interne et de paradigme, ce qui va nécessairement influer sur notre vision du monde.
- On pourra observer une modification de la façon de voir les autres et les relations que l'on entretient avec. Puisque l'on change de paradigme et que nos valeurs et croyances changent, on aura alors naturellement tendance à privilégier une qualité dans ces relations qui sera en adéquation avec un besoin de continuer notre évolution (cela veut donc aussi dire que parfois, cela passera par un abandon de certaines relations).
- L'expérience permet aussi d'atteindre une libération de la créativité, de la spontanéité, de la qualité de l'expression, notre personnalité profonde.
- On se souvient de l'expérience comme un moment très important, parfois même nécessaire à renouveler ou en tout cas à entretenir.
- Cette liste n'est certainement pas exhaustive…

Nous avons donc décrit les principaux aspects bénéfiques liés à l'expérience de petite mort et ce qu'une personne peut espérer y trouver (elle-même évidemment, nous le reprécisons au cas où nous n'ayons pas encore assez insisté sur le sujet), mais cela ne veut pas dire que tout est toujours parfait et que cela ne peut pas entraîner des expériences parfois difficiles, avec des conséquences douloureuses. Comme pour toute chose sous-lumineuse, il existe une polarité intrinsèque à tout, le fameux revers de la médaille.

Il faut déjà être très clair et très honnête, même lorsque l'on écarte les NDE qui demandent des conditions souvent dramatiques pour survenir, le processus qui permet d'arriver à une expérience de petite mort n'est pas toujours une partie de plaisir. Pour celles et ceux qui choisissent la voie de la méditation, le processus se fera toujours dans la douceur et le respect de soi-même, de son propre rythme et de ses limites, mais pour les personnes qui s'orientent vers des méthodes impliquant des psychotropes, il n'y aura plus d'idée de rythme ou de limites. Ce n'est pas tant l'expérience en elle-même qui peut être parfois difficile, mais tout ce qui y mène, ce qui précède ce lâcher-prise, cette acceptation de reddition de la conscience. Nous en parlons pour l'avoir vu de nombreuses fois lors des cérémonies de Ayahuasca que nous organisions en Équateur dans notre grande Maloca, régulièrement des participants avaient une grande difficulté à passer cette épreuve et devaient subir un ensemble de manifestations, à la fois physiques et psychologiques, très pénibles. Il faut bien comprendre que si l'on se lance dans une telle expérience et que l'on réalise, une fois au pied du mur, que l'on n'arrivera pas à accepter de lâcher notre ego, celle-ci ne va pas s'arrêter pour autant, comme cela se passerait en méditation par exemple. l'Ayahuasca peut aller jusqu'à « forcer » l'expérience sur la personne[1], forcer la confrontation avec son Soi, avec sa propre réalité, forcer la réalisation de ce que sont ses valeurs… et lorsque l'on n'est pas prêt à accepter tout cela, c'est très difficile et peut-être perçu avec une violence inouïe. Cela revient à une sagesse non-voulue, qui sera tout aussi problématique que la sagesse non-méritée que décrivait Jung.

Comme tout ce que l'on fait dans la vie, pour toute expérience, décision ou action de notre part, si nous faisons les choses pour de mauvaises raisons, on s'expose à obtenir de mauvais résultats. C'est particulièrement vrai dans le cas des expériences de petite mort, si l'on ne respecte pas l'expérience en elle-même, que l'on ne comprend pas ce qu'elle implique vraiment, ses conséquences et ses répercussions, cela pourra mener à différentes problématiques qui se révéleront contre-productives, à l'antithèse des bénéfices que l'on aurait normalement pu espérer :

- La mort de l'ego peut forcer des visions prématurées (notions de sagesse non-méritée ou non-voulue), lorsqu'une personne n'est pas prête à recevoir ces enseignements et à évoluer. Lorsqu'elle force l'esprit à se confronter à ses plus sombres aspects, elle peut même devenir douloureuse.

1. Cela pourrait paraître excessif d'affirmer cela, mais l'Ayahuasca va toujours vers nos besoins réels, que l'on ait conscience de ces besoins ou pas et que cela nous plaise ou non. Elle est purement supralumineuse dans sa fonction et de ce fait aura tendance à ne pas se soucier du sublumineux. Pour donner une analogie simple, c'est comme si vous vouliez faire l'expérience d'un goût pimenté, mais au lieu de choisir des petits piments doux, vous mordiez directement dans un piment antillais très fort. Une fois que l'expérience démarre, vous aurez rapidement la conviction qu'elle est excessive pour vous, mais vous n'aurez pas le choix d'aller jusqu'au bout, il n'y a pas de retour en arrière.

- La mort de l'ego peut forcer l'esprit à contempler des parts de lui-même auxquelles il n'est pas prêt à faire face.
- Elle peut être terrifiante.
- Elle peut perturber. Elle peut révéler des vérités si avancées que l'esprit conscient est incapable de les intégrer. C'est notamment ce dont nous parlions lorsque nous évoquions le décalage survenant lorsque l'esprit conscient essaye désespérément d'attribuer un signifiant cohérent à un signifié supralumineux. Ce n'est pas forcément quelque chose de très grave, mais ces perturbations pourront venir s'ajouter au reste.
- Elle est chaotique et imprévisible. Vous ne savez jamais quand vous allez atteindre la vérité universelle, travailler sur des traumatismes du passé ou faire face à votre propre côté obscur.
- Elle vous éloigne du monde du matériel et du prévisible.
- Pour certains, la mort de l'ego peut provoquer un effondrement mental total lorsque trop de structures psychiques sont remises en question et dissoutes lors de l'expérience, d'où la nécessité de préparer cette expérience et même d'être accompagné tout du long.

Ces possibilités sont tout aussi réelles que le sont les bénéfices, c'est aussi pour cela que nous parlions de courage, car il en faut pour accepter de faire face à tout cela, de se faire face à soi-même sans réellement savoir si on est vraiment prêt à le faire ou à accepter ce que l'on verra. Nous serions enclins à dire que si une personne se pose sincèrement la question de savoir si elle est vraiment prête, c'est qu'elle l'est. De toute manière, nous avons la conviction que c'est l'expérience qui vient à nous et pas le contraire, et que l'on vit ce que l'on a besoin de vivre. Il n'y a pas d'erreur, pas d'accident. Si c'est dur, c'est qu'il fallait peut-être cela pour réussir à dépasser de fortes résistances ou parce que la personne vit elle-même dans la violence, qu'elle s'inflige cette violence au quotidien[1].

1. Lorsque l'on vit son existence en s'infligeant une certaine violence (pressions et exigences excessives, dénigrement...) et même si on a l'impression que l'on fait cela pour son bien (ou en tout cas celui de son ego), l'expérience ne fera que révéler la nature de ce traitement. On aura tendance alors à vouloir stigmatiser l'expérience en refusant d'accepter la responsabilité de cette souffrance que l'on perçoit.

Dans toutes ces expériences, qu'elles soient difficiles ou pas, réside une part de peur inhérente, comme une étape, peut-être même une nécessité. Cette notion de peur, on la retrouve dans tous les textes dont le Bardo Thödol, les récits de NDE... Il nous faut donc maintenant aborder cet aspect essentiel de l'expérience de mort.

Fig.8: La maloca, une grande hutte dédiée aux cérémonies de Ayahuasca en Équateur

Fig. 9: Arcane Sans Nom (treizième lame du Tarot de Marseille)

La peur du changement

> « Ô fils noble, au moment où ton corps et ton esprit se sont séparés, tu as connu la lueur de la Vérité Pure, subtile, étincelante, brillante, éblouissante, glorieuse et radieusement impressionnante, ayant l'apparence d'un mirage passant sur un paysage au printemps en un continuel ruissellement de vibrations.
> Ne sois pas subjugué, ni terrifié, ni craintif.
> Ceci est l'irradiation de ta propre et véritable nature.
> Sache le reconnaître. »
>
> *Chonyid Bardo* – Le bardo de l'expérience de la réalité

Dans tout ce qui nous rapproche de cette notion de mort de l'ego, de changement, de mort d'une part de soi, et ce même en sachant parfaitement et en étant intimement convaincu que cela ne fera que mener vers une renaissance et une amélioration, dans cette vie ou dans la suivante, le cerveau ne peut s'empêcher d'avoir peur. Cette peur, il va parfois même la générer par anticipation, simplement en évoquant cette possibilité de changement d'état. C'est cette peur qui accompagne généralement les personnes qui viennent faire l'expérience de l'Ayahuasca, lorsqu'elles ont conscience qu'elles s'apprêtent à faire face à l'inconnu et à elles-mêmes.

La fonction première du cerveau est sa propre survie, ensuite seulement vient celle de l'organisme en général. Toutes ses actions et ses réactions, tous les programmes qu'il a pu mettre en place au fil du temps, tendent vers cet unique but. Et dès lors que l'on désire consciemment ou que l'on est confronté à une nécessité de changement d'état, même sans évoquer quelque chose d'aussi radical que la mort du corps, le cerveau se braque et plonge l'individu dans la peur comme il le ferait face à un danger. Ce danger, c'est l'inconnu, ce qui va l'éloigner des structures qu'il connaît, qu'il sait gérer même si elles ne sont pas idéales (ou même pénibles à vivre), c'est tout ce qui va essayer de le pousser hors de sa zone de confort dans laquelle il peut aisément survivre. Le problème, c'est que pour vivre réellement et ne plus se contenter de survivre, il est nécessaire de passer par cette mort de l'ego et de ces anciennes structures.

Trop souvent, les gens voient la peur comme un ennemi et rarement comme une alliée, une alliée du changement, celle qui peut justement donner l'impulsion nécessaire au changement et à l'évolution de la personne. Contrairement à ce qu'affirmait le président Franklin Roosevelt lorsqu'il disait que « la seule chose dont on doit vraiment avoir peur, c'est la peur elle-même », c'est justement le fait de craindre la peur qui devient rapidement problématique. Comme toutes les émotions que l'on ressent, la peur est un messager, craindre le messager reviendrait à nier la réalité du message qu'il porte, ainsi que toute possibilité de réagir de manière construite et constructive. C'est cette peur d'avoir peur qui cause probablement le plus de tourments chez une personne, ou qui va au moins la forcer à l'inaction[1], à rechercher une certaine inertie qu'elle jugera confortable, sans risque.

Et c'est tout à fait vrai que lorsque l'on entre dans l'action, que l'on sort de notre zone de confort pour avancer vers l'inconnu, nous prenons un risque ; il est possible que nous avancions vers un danger potentiel, une instabilité qui pourrait venir mettre notre survie en danger. Mais de notre point de vue, cela permettra toujours d'avoir une chance de vivre vraiment avant de mourir.

1. Même dans le cas d'une réaction de fuite ou de lutte, on ne résout rien, la réaction n'est pas l'action. La réaction appartient à la survie, et l'action à la vie.

La biologie de la peur

Biologiquement, la peur cherche à induire trois types de réponses primaires de la part d'un individu :

- La fuite, lorsque le danger semble trop grand ;
- La lutte, lorsqu'il convient de faire face au danger et de s'en défendre ;
- L'inaction ou l'inertie, lorsqu'il ne semble pas y avoir de possibilité de fuir ou d'attaquer.

Vous l'aurez compris, ces trois réponses existent dans un contexte très réel et concret, à savoir un danger existant dans notre environnement, et ce principe est valable aussi bien pour un humain que pour les autres animaux, même très anciens dans l'histoire de l'évolution. D'un point de vue neurologique, la peur est liée à l'activation de l'amygdale et survient lorsqu'un individu est exposé à un danger immédiat ou imminent qui ne permet pas de pondérer consciemment (dans le cas d'un être humain) la nature du danger. La réaction doit être très rapide, quelle qu'elle soit. Cette activation de l'amygdale va donc entraîner une inhibition de la pensée rationnelle, et la personne sera dans la réaction et plus dans l'action (la réaction restant inconsciente). C'est ce que l'on appelle une réaction par un circuit court, dit thalamo-amygdalien : l'amygdale va donc, indépendamment de la pensée consciente, activer la sécrétion de cortisol (l'hormone du stress) et activer le système orthosympathique de l'individu pour le préparer à réagir au danger. Sachant qu'un influx nerveux se déplace à environ 9 mètres par seconde, il est essentiel de limiter les échanges entre les différents systèmes cérébraux pour assurer une réponse rapide à un danger immédiat, c'est ce que le circuit court permet.

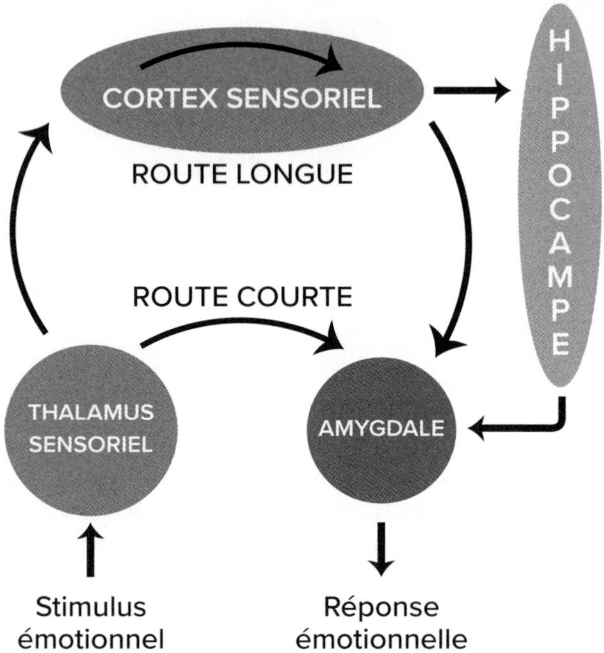

Fig.10: La biologie de la peur

Dans le cas d'un circuit long (thalamo-cortico-amygdalien), l'individu ne réagit plus par réflexe et il a même le temps de tempérer sa réaction puisqu'il a pu évaluer la nature, la réalité et l'importance du danger, et au besoin, de modérer ou maintenir la réponse de l'amygdale... mais c'est plus long. Toutefois, cela permet d'anticiper des dangers qui ne sont pas encore détectés par les sens de l'individu, ou même d'arriver à imaginer des dangers potentiels.

L'amygdale agit comme une sorte de gardien, elle est constamment en surveillance de tout ce qui se passe dans notre environnement (externe ou interne) en recevant les informations directement des différents organes des sens.

Dans un deuxième temps, à la suite d'une réaction thalamo-amygdalienne, les informations pourront faire un retour vers le cortex pour y être analysées, traitées et comparées à d'autres informations qui avaient été préalablement mémorisées dans l'hippocampe à la suite d'anciennes expériences. Ce principe permet notamment de créer un apprentissage en vue d'une meilleure capacité de réaction dans le futur. C'est ce qui se trouve à la base du principe « ce qui ne nous tue pas nous rend plus fort ». C'est dans l'expérience que se trouve l'apprentissage. Cet apprentissage est géré par l'hippocampe qui va contextualiser les expériences. Par exemple, une casserole qui se renverse n'est dangereuse que si elle est remplie d'eau bouillante, donc la mise en contexte se fait ici en fonction d'une mémorisation spécifique : on se rappelle ou pas d'avoir mis de l'eau à bouillir. Encore une fois, il sera possible de réagir de manière immédiate en voyant une casserole vide se renverser, mais l'intensité de la peur sera très différente si on sait qu'elle est vide, que si on se rappelle qu'elle est pleine d'eau et sur le feu depuis longtemps. La réaction ne sera pas pour autant corticale, mais cette mémoire, donc cette expérience, influera grandement sur l'intensité de l'émotion de peur, et sur la manière de réagir : essayer de rattraper la casserole ou bondir en arrière pour éviter l'eau bouillante. Donc même une réaction réflexe, sur un circuit court, peut-être influencée par différents éléments. Ainsi, les configurations neurales de la peur s'apparentent à un processus de conditionnement. Il y a tout ce qui a été engrammé au cours de l'évolution de l'espèce comme représentant un danger (c'est souvent ce que l'on appelle les peurs de l'inconscient collectif : serpents, certaines couleurs sur un animal…) qui va se combiner avec l'acquis issu de l'apprentissage spécifique d'un individu qui aura été mis en contact avec différentes sources de dangers ; bref, toutes les expériences qui auront été faites au cours de sa vie et dont elle aura su ou pas tirer des enseignements et des mémoires. Ces mémoires et ces expériences vont constituer une base sur laquelle va se construire un ensemble de possibilités de réponses organiques visant à protéger l'individu des dangers inhérents à son environnement. L'amygdale réagit au stimulus de manière automatique et détermine le niveau de peur qui sera approprié, l'hippocampe va intégrer la mémoire de l'événement et la transformer en mémoire explicite, comme autobiographique (chaque expérience est personnelle et fonction de la manière dont elle a été vécue), et cette mémoire émotionnelle, métabolisée, est enregistrée dans l'hypothalamus comme une nouvelle donnée expérientielle… et le système s'enrichit un peu plus. Comme toute chose, ce processus naturel et bénéfique peut devenir excessif et rendre une personne trop sensible aux stimuli de son environnement, menant à une peur de tout et des phobies.

L'amygdale est impliquée dans la reconnaissance et l'évaluation de la valence émotionnelle des stimuli sensoriels, dans l'apprentissage associatif et dans les réponses comportementales et végétatives associées en particulier dans la peur et l'anxiété. L'amygdale fonctionnerait comme un système d'alerte et serait également impliquée dans la détection du plaisir.

L'hypothalamus est lié au système nerveux autonome (système polyvagal et para-sympatique). Il est responsable de la régulation des réflexes et des comportements vitaux pour l'organisme (alimentaires, sexuels, thermorégulation...) de défense (agressivité, fuite, ...), de stress, etc.

Le thalamus a principalement une fonction de relais et d'intégration des afférences sensitives. Il joue un rôle dans la régulation de la conscience, il envoie simultanément les stimuli vers le cortex pour y être traités en profondeur : la mémoire explicite va identifier l'objet, le rattacher à un concept et via l'hippocampe le contextualiser

L'hippocampe consolide la mémorisation des informations modulées par l'amygdale.

Il s'agit d'un processus d'une grande complexité, le cerveau n'a pas été préformaté pour être capable de réagir à son environnement, il y a effectivement une part innée, mais elle n'est finalement pas la plus importante. L'acquis représente une partie individuellement, culturellement et environnementalement spécifique, qui est énorme et qui nécessite un apprentissage long. Cet environnement est en constante évolution et cela a aussi été le cas pour le cerveau et les différentes structures qui s'y sont développées. C'est en quelque sorte un bricolage évolutif qui s'est fait en fonction des expériences sur des périodes de temps d'ordre géologiques. Cela a mené à un patchwork de structures cérébrales qui sont venues se surajouter, se superposer à d'anciennes structures déjà en place, en partant du tronc cérébral pour aller jusqu'au cortex qui est la plus récente addition. Mais il n'y avait pas de plan de base qui a été suivi pour que cette construction se fasse ; chaque structure cérébrale est un module avec une fonction précise, qui travaille en relation avec d'autres modules, selon un ordre de priorité plus ou moins important (les modules qui seront les plus proches du tronc cérébral auront une plus grande priorité que ceux qui sont proches du cortex par exemple, d'où la capacité par exemple de l'amygdale à shunter le cortex pour permettre une réaction plus immédiate).

Il n'y a donc pas de « fonction cérébrale » à proprement parler, mais plutôt un ensemble de fonctions issues de différents systèmes, de différentes structures cérébrales. La nature d'une réaction à un danger, et donc à une peur, sera déterminée par les structures qui seront mobilisées. C'est aussi ce qui va faire la différence entre l'émotion de peur et le sentiment de peur : le degré de « corticalisation » de la réaction. Le sentiment de peur est quelque chose qui va se construire, de manière parfois très complexe, pour amener à une capacité à influencer un ensemble pouvant être très large de réactions et d'actions.

L'émotion de peur, littéralement un mouvement vers l'extérieur induit par une peur (le *e-motion* que l'on retrouve en anglais), est une programmation, un conditionnement existant hors du champ de la pensée, permettant de traiter le danger de manière autonome et automatique. Il sera même possible de déclencher cette émotion de peur par la simple évocation du stimulus qui a mis le conditionnement en place à l'origine, et même de déclencher la réponse qui aura été conditionnée. Il s'agit donc là d'un gain de temps considérable puisque le cerveau acquiert la capacité à réagir à un stimulus mémorisé de manière automatique. De même qu'il est aussi possible de se conditionner à ne plus avoir peur d'un stimulus en particulier, par exemple en multipliant les expositions au stimulus conditionnel en supprimant la réaction automatique de manière consciente jusqu'à extinction de la peur. La réponse conditionnelle venant diminuer peu à peu l'impact du stimulus conditionnel.

La peur est donc un allié puissant et efficace dans son fonctionnement biologique puisqu'elle permet de maintenir l'individu en vie. Cependant, l'être humain ayant quelque peu évolué, son environnement est devenu très différent, intégrant de nouvelles dimensions, comme des dimensions virtuelles ou symboliques et qui seront traitées exactement comme n'importe quelle autre manifestation de l'environnement. De cet instant, un danger pourra être un mot ou une idée, un concept ou même un événement qui n'existe pas encore et qui pourra se matérialiser dans un futur peut-être lointain. Cette subtilité relative du danger peut avoir des conséquences fâcheuses pour l'individu, notamment lorsque le circuit thalamo-cortico-amygdalien n'arrive plus à gérer les informations entre les différentes instances de régulation. Lorsque nous sommes dans un circuit long de réaction, la principale problématique consiste à se trouver à tourner en boucle, le cortex et les autres structures cérébrales confrontant systématiquement les mêmes éléments sans parvenir à une réaction[1].

C'est notamment ce qui se produit lorsqu'on a l'impression que toutes les solutions, toutes les possibilités de réponses sont accompagnées par une peur d'intensité similaire. On ne sait même plus d'où vient le danger, on imagine qu'il peut se matérialiser sous n'importe quelle forme, pire, on en vient à craindre ce que l'on n'arrive pas à imaginer. Le fait d'être piégé dans un tel cercle vicieux est ce qui mène à une sidération du cerveau, l'individu est dans l'inertie, il ne bouge plus, n'évolue plus, ne change plus… n'agit plus. Dans une telle configuration, très commune finalement dans nos sociétés où il existe tant de contraintes et dans lesquelles la manipulation de la peur est souvent le moyen de plus sûr de s'assurer l'acceptation du plus grand nombre des structures sociales, cette peur, le sentiment de peur plus que l'émotion, est devenue contre-productive. L'individu perd sa capacité à réagir, à agir et donc à évoluer. Comment considérer la possibilité de changer ses anciennes structures, se défaire de son ego pesant pour essayer d'évoluer vers une liberté dont on aurait tant besoin, si l'on est sous la pression de devoir garder un travail que l'on n'aime pas tellement parce que l'on ne peut pas risquer de ne plus pouvoir rembourser les prêts à la banque, de s'acheter un nouveau téléphone… la boucle se boucle et la peur devient une énergie qui va maintenir l'individu dans cette boucle.

1. *Entre essence et existence* par Sébastien Cazaudehore, www.lulu.com

Les peurs fondamentales

> « L'émotion la plus ancienne et la plus forte
> de l'humanité est la peur.
> Et le genre le plus ancien et le plus fort
> de la peur est la peur de l'inconnu. »
>
> H. P. Lovecraft, *L'habitant de l'ombre* (1944)

Comme nous le disions précédemment, la peur, comme n'importe quelle autre émotion, est un message. Fondamentalement c'est de l'information qui procure des renseignements sur notre environnement interne et externe. Mais si les sensations liées à cette émotion sont toujours similaires en fonction de leurs niveaux d'intensité, cela ne veut pas dire que l'information est la même. Si le corps utilise toujours le même système d'alarme, il ne se déclenche pas pour les mêmes raisons. Ainsi, nous avons différents types de peurs. Nous ne parlons pas des stimuli qui déclenchent la réaction de peur, mais de la nature profonde des peurs. Nous pouvons distinguer cinq peurs primaires, desquelles vont découler d'autres et qui vont même parfois générer d'autres émotions encore :

- **L'extinction** – C'est la peur de la destruction, de ne plus exister. Il s'agit d'une manière plus fondamentale d'exprimer ce qu'on nomme souvent la « peur de la mort ». Cette idée de vacuité face à l'existence que l'on connaît (physiquement en tout cas) réveille une anxiété primaire existentielle chez tous les êtres humains.
- **La mutilation** – C'est la peur de perdre un élément de notre précieuse structure, l'idée de voir nos limites franchies, ou de perdre notre intégrité. Biologiquement cette peur touche évidemment le corps, les organes et autres structures et fonctions somatiques (c'est de là que découleront les peurs des animaux par exemple), mais cette peur touche en réalité toutes les structures, corporelles, psychologiques, celles de l'ego…
- **La perte d'autonomie** – C'est la peur d'être immobilisé, paralysé, restreint dans nos mouvements, dépassé par la situation, emprisonné, étouffé, ou contrôlé par des circonstances extérieures en dehors de notre contrôle. Fondamentalement, il s'agit d'une claustrophobie pour le corps, mais cela peut aussi s'étendre à tous les autres aspects d'un individu : sociaux, psychiques ou psychologiques.

- **La séparation** – C'est la peur de l'abandon, du rejet, et de la perte de connexion. L'être humain est un animal social par excellence, l'éventualité de devenir une non-personne, quelqu'un de non-désiré, rejeté, non respecté ou apprécié par quiconque, est très pénible. La « mise en quarantaine », lorsqu'elle est imposée par un groupe, peut avoir un effet psychologique dévastateur. L'individu se nourrit aussi de toutes les interactions qu'il entretient avec les autres, même les plus négatives et destructrices que l'on pourrait envisager.
- **La mort de l'ego** – C'est la peur de l'atteinte profonde pouvant menacer la perte de l'intégrité du Soi ; la peur de la destruction ou de la désintégration de ce qu'on a pu se créer pour se sentir aimé, capable et apprécié de soi-même ou des autres, de perdre les structures que l'on a mises en place.

Ces cinq peurs se hiérarchisent à mesure qu'elles se rapprochent d'éléments qui peuvent toucher à la survie fondamentale de l'individu. Par exemple, la séparation aura un impact sur cette survie à moyen ou long terme, tandis que l'extinction touchera à la survie immédiate. Évidemment, plus on se rapprochera d'une peur liée à cette survie immédiate, cette peur de la destruction, plus l'intensité de la peur sera grande.

Toutes les autres peurs vont donc découler de ces cinq peurs primaires. La peur du rejet, la jalousie, la honte, la culpabilité peuvent être conditionnés par la peur de la séparation ; le vertige sera issu d'une peur de l'extinction ; l'échec, la peur de la mort de l'ego ; la peur de l'engagement mettrait en péril le besoin d'autonomie… Beaucoup d'émotions découlent de la peur. Une peur est souvent à la base de la colère du fait de ce qui aura été mis en péril chez une personne et qu'elle voudra défendre. Ces principes fonctionnent parfaitement au niveau de l'individu, mais peuvent tout aussi facilement s'étendre à un niveau collectif : intolérance, rejet de structures différentes qui sont considérées comme pouvant potentiellement mettre en péril des structures préexistantes… peur de la mort de l'ego collectif, universel.

La plus grande problématique vient du fait que l'on est trop souvent dans la réaction du fait de nos peurs. Même lorsqu'il s'agit objectivement d'une peur liée à un stimulus qui ne touche pas directement à la survie immédiate, on laisse nos comportements être dictés par ces peurs. Faire ou ne pas faire quelque chose du fait d'une peur nous inféode un peu plus à cette peur, nous place un peu plus sous son contrôle et limite nos possibilités à agir de manière réfléchie et à avancer vers ce qui pourrait constituer une évolution positive et constructive de notre personne[1]. Par exemple, une peur de la séparation peut motiver un refus d'accepter une invitation à dîner de manière presque réflexe, sans même prendre le temps de considérer les implications. Cela pourrait sembler paradoxal, mais ici, c'est la peur du rejet qui conditionne la réaction de refus sans même que l'on se rende compte que la peur existe ; elle est tellement anticipée qu'il n'est même plus nécessaire de la faire surgir, la situation est évitée, simplement. Toutes ces réactions, sont en réalité des peurs de la peur. L'hypothalamus connaît l'expérience, connaît le résultat, alors autant épargner du travail à l'amygdale et éviter de mettre le corps en stress inutilement.

Tout ceci survient lorsque l'on oublie que la peur est une information, qu'on la traite comme une commande impérieuse. S'il s'agit d'une information et qu'on la considère comme telle, on est capable de comprendre son message et d'agir en fonction de ce message. Cela ne voudra pas dire que l'on décidera de faire systématiquement face à nos peurs, mais il deviendra possible de le faire, de choisir les situations qui semblent être les plus adéquates pour franchir un premier pas pour que l'on ne soit plus contrôlé et effrayé par ces peurs.

Lorsque l'on observe ces cinq peurs primaires, il est évidemment particulièrement intéressant de voir que la peur de la mort de l'ego en fait partie. Cela est d'autant plus intéressant que cette peur en particulier est directement liée aux quatre autres, comme s'il s'agissait d'une porte d'entrée menant potentiellement à chacune des autres peurs fondamentales. D'une certaine manière, nous aurions aussi bien pu la nommer « peur de l'inconnu ». Toutes les structures de l'ego qui ont été mises en place au fil du temps, de nos expériences, de nos interactions avec toutes les personnes que nous avons croisées viennent construire cet ego, ce que l'on connaît, ce qui est familier et rassurant quelle qu'en soit la qualité que nous lui attribuons. La peur de la mort de l'ego, de ce qui peut atteindre

1. Nous parlons beaucoup de peurs importantes et bien sensibles, mais il convient de se méfier tout autant des petites peurs, de faible intensité, qui peuvent exister de manière latente, sans que l'on s'en rende vraiment compte. Sur le long terme, ce sont aussi celles-ci qui ont la capacité de conditionner le comportement d'une personne, de manière assez insidieuse.

ces structures, est quelque chose de presque totalement abstrait finalement, tout aussi abstrait que les structures en question. Ces structures peuvent potentiellement toucher tout ce qui est protégé par les quatre autres peurs ou constituer des piliers qui soutiennent des éléments liés à la survie immédiate, l'autonomie, la capacité à maintenir un lien...

Sachant en plus qu'il est impossible d'évaluer de manière claire et précise les conséquences de cette perte des structures de l'ego, l'intensité de la peur sera difficile à mesurer pour une structure cérébrale comme l'amygdale qui est habituée à fonctionner avec des stimuli concrets. Donc, dans la hiérarchie des peurs primaires, la peur de la mort de l'ego est placée en dernière du fait qu'elle ne causera pas de peurs profondes comme celles liées à un danger immédiat pour la survie, mais elle est potentiellement capable d'être la source de toutes les autres peurs, même simultanément.

C'est exactement cette peur à laquelle les personnes qui envisagent de venir prendre l'Ayahuasca doivent faire face. Cette peur se manifeste alors que l'individu considère la possibilité de remettre toutes ses structures en question, qu'il considère la possibilité de tuer son ego et tout ce qu'il a mis en place jusqu'alors. Pour le cerveau, cela revient à dire qu'il faut envisager l'idée de détruire tout ce qui lui a permis de survivre jusqu'à présent, sans avoir la moindre idée des conséquences que cela pourra avoir pour la survie future, sur les relations avec les personnes de l'entourage, de sa capacité à maintenir son autonomie et son intégrité... bref à rester en vie encore un peu plus longtemps.

Dans ce contexte particulier, la personne doit faire face à toutes ses peurs primaires vues au travers de la peur de la mort de l'ego. L'intensité ne paraîtra pas si importante que cela, chez certaines personnes cela se manifeste par une anxiété ou une inquiétude, mais chez la plupart des gens, c'est ce qui les motive à ne pas faire l'expérience chamanique, rangés derrière l'adage qui veut que l'on « sait ce que l'on perd, mais on ne sait pas ce que l'on retrouvera », et qui préfèrent jouer la carte du principe de précaution et ne pas risquer l'expérience.

La peur comme alliée du changement

> « Je ne connaîtrais pas la peur,
> car la peur tue l'esprit. La peur est la petite mort
> qui conduit à l'oblitération totale.
> J'affronterai ma peur.
> Je lui permettrai de passer sur moi,
> au travers de moi. Et, lorsqu'elle sera passée,
> je tournerai mon œil intérieur sur son chemin.
> Et là où elle sera passée, il n'y aura plus rien.
> Rien que moi. »
>
> Franck Herbert (Dune – 1965)

Il est pourtant possible de dépasser ces peurs, de manière consciente et réfléchie et d'avancer vers ces changements que l'on veut voir apparaître, cette mort de l'ego. Accepter la mort de la chenille pour permettre la naissance du papillon, malgré la vulnérabilité qui sera imposée à la chrysalide durant cette transition. D'un point de vue plus intellectuel, donc en ce qui concerne le sentiment de peur et pas l'émotion de peur, on pourrait se demander pourquoi une peur accompagne cette idée de mort de l'ego. Qu'est-ce que l'on doit fuir ? Qu'elle est la source de cette peur que l'on doit tenter d'éliminer ? Devant quel stimulus doit-on disparaître, devenir invisible ?

Est-ce que comme toute notion ou concept, la peur pourrait avoir une autre polarité que celle qui impose à attaquer ou éviter quelque chose ? Est-ce que cette énergie qu'elle recèle ne pourrait pas être une force libératrice lorsqu'elle permet justement d'embrasser cette chose ?

La première grande force de la peur est de nous replacer dans l'instant présent, nous ne sommes jamais autant dans le présent que lorsque l'on a peur. Elle peut permettre de nous faire passer instantanément de la certitude de nos illusions à l'incertitude du réel. Si l'on prend le temps d'observer nos réactions, même à postériori, on pourra alors y découvrir la possibilité de relativiser et même revisiter nos croyances.

La peur de la mort de l'ego est une peur psychologique, c'est-à-dire qu'elle ne repose sur aucun stimulus concret, appartenant au monde sensible, elle n'est pas issue de l'identification d'un danger réel, mais de l'anticipation d'un danger possible ; c'est une représentation qui engendre une terreur qui nous fait reculer devant un possible dont nous nous représentons la venue comme dangereuse et inquiétante. C'est la peur de l'enfant qui croit qu'il y a un fantôme dans le placard. L'esprit n'étant pas capable de faire la distinction entre le réel et la fiction, entre ce que l'on peut percevoir physiquement et ce que l'on imagine, un élément virtuel, un concept ou même un mot pourra devenir un stimulus à même de déclencher une réaction de peur. C'est alors que l'on doit considérer, tout particulièrement avec cette peur psychologique de la mort de l'ego, touchant des structures qui n'ont elles-mêmes rien de réel sauf dans la manière dont on les conçoit, que si nous laissons cette peur nous empêcher d'agir, à nous forcer à l'inaction et à l'inertie, cela tient à une décision qui aurait facilement pu être contournée par un raisonnement conscient. C'est ce raisonnement que beaucoup s'efforcent de suivre et qui constitue le premier pas vers cette petite mort et vers cette évolution vers le Soi, vers son essence.

C'est ici que se trouve le pivot qui permet de basculer vers une peur qui devient une alliée vers le changement. Premièrement, le simple fait de prendre conscience du fonctionnement de cette peur, des sources où elle puise sa réalité, de ses processus mécaniques, permet de s'en libérer efficacement. Fondamentalement, elle permet de nous maintenir en vie, de nous protéger contre les dangers qui nous guettent ; elle est à la base de notre capacité d'adaptation et d'apprentissage de nouveaux comportements lorsqu'elle existe sur un circuit long, pour que l'on puisse devenir plus performant, plus à même d'évoluer dans notre environnement. Ensuite, si une personne a une volonté de changer, de dépasser les limites imposées par ses structures anciennes, cette peur est justement ce qui va devenir sa plus grande source d'aide. Celle-ci, si elle consciemment objectivée, si elle existe dans sa vraie réalité, c'est-à-dire en tant qu'information, elle permettra une focalisation parfaite sur le processus de transformation et de mort de l'ego. Cette focalisation de toutes les ressources mentales dans l'instant présent est déjà ce qui va permettre de vivre pleinement cette expérience unique et vitale, mais il ne faut pas négliger les bénéfices inhérents au stress généré par la peur et au fait que dans une telle situation, le système nerveux fonctionne en orthosympathique et que toutes les ressources physiques sont orientées dans le seul but de traverser cette épreuve. Car il s'agit bien d'une épreuve, à l'instar d'un rite initiatique. Dans une telle situation, un basculement vers un fonctionnement orthosympathique, même intense, ne sera pas dommageable car il ne se prolongera pas dans le temps. Il pourra par exemple être beaucoup moins problématique qu'un fonctionnement orthosympathique léger qui s'étend sur de longues périodes de temps comme c'est le cas pour beaucoup de personnes qui vivent dans le stress permanent et dont les valeurs mêmes ne sont plus en adéquation avec son mode de vie. C'est souvent ce qui peut aussi mener à un état dépressif.

Ce stress sera donc particulièrement positif en cela qu'il permettra de vivre pleinement l'expérience, sans distraction ni tentative d'échappatoire, l'esprit restera parfaitement focalisé sur la source de la peur. De ce fait, on pourrait dire que la peur est un ingrédient presque indispensable de ces expériences initiatiques. Il n'en est rien évidemment, cette expérience pouvant parfaitement se faire sans aucune peur, mais pour beaucoup de personnes, surtout lorsqu'elles sont dans une certaine résistance, cela pourra être d'une grande utilité. C'est notamment pour cela qu'elle se retrouve (ou qu'elle est même générée volontairement) dans les rites initiatiques de tant de cultures sur la planète et au travers de l'histoire.

Cela serait donc ici, un autre aspect positif et constructif de la peur, toujours dans le cadre d'un soutien vers une évolution de la personne. La peur, comme toutes les autres émotions, sera toujours bénéfique si elle est perçue en tant qu'information sans qu'il n'y ait de focalisation uniquement sur les sensations physiques qui l'accompagnent (c'est l'importance de se focaliser sur le signifié et pas le signifiant). Et comme toutes les autres émotions, celle-ci se dissipe lorsque son message a été perçu et compris, comme c'est le cas avec un stimulus physique, la peur cesse lorsque la proie échappe au prédateur. Objectiver une peur consciemment, permet de lui rendre sa dimension et de mettre en lumière sa nature réelle, surtout lorsqu'il s'agit d'une peur par anticipation, d'une peur liée à un concept, une idée ou même à un objet mental.

Nous vivons dans un monde dont la réalité est une construction mentale liée à la manière dont nous percevons et conceptualisons les objets mentaux qui s'y trouvent. Il n'y a pas deux personnes qui ont une perception identique de cette réalité à laquelle le conscient s'accroche farouchement en faisant tout pour fabriquer du sens dans ce qu'il rencontre. La peur aura aussi tendance à provoquer une panne dans ce système en objectivant l'instant et en injectant soudainement une dose de réalité objective au cœur de notre système de perception subjective du monde. La brève perte de cohérence de notre représentation subjective de la réalité est notamment ce qui va permettre de la remettre en question et d'envisager une autre représentation. C'est notamment le retour par le circuit long, par rétroaction, a posteriori de l'événement qui va aussi permettre cette modification de manière plus profonde encore, c'est la graine qui mène aux grandes révélations, aux illuminations.

La peur permet de s'éloigner d'un état pour avancer vers un autre, d'où la notion de rite de passage, elle sert de frontière pour pouvoir mettre de la distance et bien différencier ces deux états. Passer d'un circuit rapide à un circuit lent calme la peur en remettant du sens dans les événements et en accueillant un nouveau contexte qui deviendra expérience. La perception de la réalité est modifiée par cette épreuve de peur, elle doit se reconstruire en fonction de ces nouveaux sens, contextes et expériences, et c'est ce qui amène aussi à la mise en place d'un nouveau paradigme et d'une nouvelle représentation du monde... et si le regard que l'on porte sur le monde a changé, c'est le monde qui a changé.

Évidemment, cette fonction bénéfique de la peur, et c'est valable pour n'importe quel type de peur, ne peut se révéler que si on accède au circuit lent et la remise en perspective de l'information. Si l'on se laisse enfermer et contrôler par la peur, elle nous coupe de ce qui nous rend humains, de notre capacité à relativiser consciemment une expérience, et le passage entre conscient et inconscient ne se fait plus. Nous sommes dans les sens, mais hors du sens, et l'expérience nous échappe. C'est notamment ce que l'on retrouve dans le Bardo Thödol, ainsi que dans les expériences chamaniques avec l'Ayahuasca. Il existe cette zone de transition dans laquelle la peur peut exister et qui pourra essayer de nous happer pour nous empêcher de traverser.

Pour reprendre rapidement ce que nous disions dans un chapitre précédent à propos de cet ensemble de textes, Bardo veut dire « état intermédiaire », et même « incertitude » par extension, et raconte le voyage de l'âme dans l'au-delà. Toujours dans le contexte de notre présent ouvrage, nous avons accepté de transposer cet au-delà à bien d'autres choses que la mort physique elle-même, pouvant s'appliquer à un simple changement de vie permettant d'atteindre un état qui sera au-delà de l'actuel et de ses limitations. Sur ces

49 jours de voyage de l'âme, on retrouve trois Bardos principaux concernant la mort :

- *Chikhai Bardo* : le moment de la mort / la chenille qui est prête
- *Chonyid Bardo* : l'état transitoire de la réalité / la chrysalide
- *Sidpa Bardo* : la renaissance / le papillon

Le Bardo Thödol, en plus de décrire toutes les phases de ces différentes étapes, donne des rituels, sortes d'incantations à prononcer au mort pour l'accompagner à chacune de ces nombreuses étapes, et notamment pour l'aider à ne pas se laisser emporter par la peur. Il nous montre, en décrivant ce processus de mort jour après jour, que c'est un cheminement, un processus permettant de mener vers tout ce que l'on a des difficultés à s'accorder dans la vie. C'est en regardant au-delà de la peur que l'on peut atteindre la révélation, mais pour dépasser la peur, il faut accepter de quitter la réalité (tout en ayant conscience de cette réalité) telle qu'on l'a connue jusqu'alors et d'avancer vers une nouvelle réalité que l'on ne connaît pas encore. Durant ce voyage, l'âme a de nombreuses occasions de se libérer de la peur, mais parfois elle n'y parvient pas et retombe sous son emprise, obligeant l'esprit à subir sa réalité.

C'est ce que l'on retrouve parfois (rarement fort heureusement) durant les cérémonies de Ayahuasca où, lors de la montée, il existe une zone de transition qui pourrait se concevoir comme étant le moment où la « proportion de la présence » de la conscience et de l'imagination agente est relativement comparable, pouvant beaucoup plus facilement causer un décalage entre ce qui est perçu et l'interprétation que l'on en fait. C'est un moment parfois difficile où la personne va s'accrocher farouchement à la réalité tant elle est effrayée par ce qu'elle perçoit et ne parvient pas encore à comprendre ; cette lumière qui grandit dans son espace intérieur semble aussi terrifiante qu'elle est magnifique, comme c'est le cas avec les divinités paisibles. Si la personne n'arrive pas à relativiser sa peur et à la contextualiser, celle-ci grandira encore lorsque les divinités irritées, ses propres démons, douleurs et souffrances, se manifesteront à leur tour. Elle n'arrivera pas à les reconnaître comme lui appartenant, comme faisant aussi partie de sa propre lumière.

Ces épisodes peuvent mener à des périodes de panique relativement compliquées à gérer dans le sens où le cerveau de la personne va traiter cette peur comme une peur immédiate de l'extinction ou de la mutilation dont le stimulus est présent en continu, tourne en boucle et s'alimente lui-même. Cela devient un cercle vicieux et il faut généralement attendre que la personne fatigue un peu ou que les stocks de molécules actives de l'Ayahuasca s'épuisent dans le corps pour que la peur retombe suffisamment et permette à la personne de repasser par un circuit long et d'enfin relativiser cette peur.

La peur est ce qui nous éloigne du danger, mais aussi de la liberté, du bonheur et de la sagesse lorsque l'on s'éloigne de l'instant présent en étant dans la fuite de notre propre peur et de ses manifestations physiques. Elle nous éloigne de notre capacité de mouvement hors de notre zone de confort. Nous essayons trop de répondre à ces émotions, à nos propres projections et interprétations par la fuite, en rejetant la possibilité de changement, nous rejetons alors notre chance d'être enfin la personne que l'on doit devenir. Nous créons la réalité que nous percevons et nous nous y rattachons farouchement en cultivant l'impression que c'est ce qui donne du sens à nos vies, c'est cette fameuse illusion qui nous détourne du Soi. Alors lorsqu'un changement vient menacer la stabilité de cette illusion et que le mirage vacille, la peur nous envahit, c'est l'attachement de l'ego à l'illusion créée par la raison pour pallier sa peur de la vacuité et de l'incohérence, de l'inconnu.

C'est tout le paradoxe de la peur, selon ce que l'on en fait, elle peut nous forcer à l'inertie et à risquer de mourir sans jamais avoir vécu, ou elle peut devenir le moteur du changement, de l'action et du développement. Faire de nos peurs des alliés est un apprentissage, au même titre que d'en faire des ennemis. C'est un choix. On peut choisir de voir la peur comme un phare qui nous indique le chemin à suivre, vers l'étape suivante.

> « L'intellect ne gagnant pas en indépendance, passe d'un état défaillant à une suite d'états semblables. (Pourtant) si l'on a une lueur de connaissance, il est plus aisé d'être libéré (à ce stage).
> S'il est demandé pourquoi on répondra : c'est à cause de l'apparition des radiations – qui produit peur, terreur, crainte – l'intellect est donc tenu en alerte et concentré sans distractions. »
>
> Bardo Thödol – L'aube des divinités irritées du 8e au 44e jour

La petite mort au quotidien

> « Que savons-nous du monde, de l'univers qui nous entoure ? Les moyens que nous possédons pour recevoir des impressions sont ridiculement peu nombreux, et notre connaissance des objets qui nous environnent est infiniment restreinte. Nous ne voyons les choses que de notre point de vue, et nous n'avons aucune idée de leur vraie nature. »
>
> H. P. Lovecraft, *De l'au-delà* (1920)

Vous l'aurez compris, dans un contexte quotidien, la petite mort se dissimule sous le costume du changement. Pas forcément d'un changement radical, mais de tous les changements que l'on fait dans notre vie de tous les jours, pouvant être un changement de travail, d'environnement, un déménagement, une séparation d'avec certaines personnes, ou certaines de nos habitudes. Dans le tarot de Marseille, la carte qui représente ce changement est justement « La Mort », le changement d'état, et on retrouve cette symbolique dans les images de crâne ou de squelette. Certainement que le changement, comme la mort, passe par un dépouillement, de l'ego, de notre chair, de nos attachements.

Le changement est une petite mort. Certes nous parlons ici d'expériences dont les intensités ne sont en rien comparables avec les expériences paroxystiques dont nous venons de parler, mais le principe est le même, et les bénéfices similaires. Il s'agit bien d'une dissolution de l'ego, même si elle n'est que partielle, ne s'attaquant peut-être qu'à une seule structure psychique, mais cette structure meurt bien pour renaître sous une autre forme. Il y a bien un changement de paradigme, de représentation interne, de certaines valeurs (ou au moins une re-priorisation des valeurs, ou une dissolution de croyances qui leur sont rattachées), une modification du comportement et des relations que l'on entretient avec soi-même et les autres... bref, une expérience de mort de l'ego. C'est vrai que l'on n'atteindra pas (quoique, nous nous avançons peut-être en affirmant une telle chose) ces visions lumineuses, le sentiment d'unité et toutes les autres notions et manifestations que nous avons décrites précédemment, mais cela ne diminuera en rien les bénéfices de ces changements. On considérera plutôt que nous avons ici affaire à une expérience menée en conscience, de manière volontaire, construite et même planifiée. Ces changements en conscience, si minimes soient-ils, ont une vraie utilité en cela qu'ils peuvent devenir une sorte d'entraînement, une personne peut s'habituer à changer facilement, et ainsi se détacher d'anciens ancrages sans résistance et avec une appréhension de plus en plus faible. C'est donc quelque chose qui peut se révéler d'une grande aide pour faire face à des changements plus importants ou radicaux. On trouve ces petits changements à n'importe quel moment du quotidien, et peut les reconnaître facilement en cela qu'ils côtoient nos petites habitudes. Donc, changer de route pour rentrer le soir, changer de magasin pour faire ses courses, changer l'organisation des placards... tout cela représente un entraînement bénéfique.

C'est cet enseignement qu'amène le Bardo Thödol aux vivants, la capacité à induire le changement dans sa vie pour que l'esprit puisse avancer vers la lumière, se préparer pour apprendre à vivre vraiment et pleinement, et finalement mourir en ayant vécu, sans être passé à côté de sa vie et de son essence. Si l'on ne vit pas pleinement entre deux incarnations, on meurt sans avoir saisi d'opportunités d'évolution.

Fig.11: Crânes colorés décorés au marché, le jour des morts, Mexique

Nous avons largement développé les processus et méthodes permettant d'accéder à des changements durables, bénéfiques et efficaces dans un ouvrage précédent[1] auquel vous pourrez vous référer si vous en ressentez le besoin ou l'envie. Vous pourrez trouver aujourd'hui des centaines de programmes d'accompagnement et de thérapeutes vous permettant de vous accompagner dans la mise en place de changements dans votre vie, les méthodes ne manquent pas et vous serez toujours certains de trouver quelque chose qui vous correspondra. En revanche, de tout ce que nous venons de voir concernant l'expérience de mort, il est possible de tirer un ensemble d'enseignements précieux qui peuvent être appliqués à un processus de changement conscient et qui permettront d'en maximiser l'efficacité. Pour cela, nous allons nous tourner à nouveau vers le livre des morts.

Dans la lecture que l'on peut faire des enseignements de ce texte, on comprend que le changement est un chemin à suivre, avec des étapes à respecter, des compréhensions à réaliser, afin de

1. *27 clefs pour révéler votre potentiel, devenez votre propre guide*, Sébastien Cazaudehore, Bussière.

pouvoir atteindre son but et maximiser les bénéfices et la durabilité de ce changement.

Il est possible que vous ayez déjà entendu dire qu'il fallait respecter un cycle de 21 jours pour qu'un changement se mette en place, cela correspondant à la capacité du cerveau à refaire ses propres connexions en fonction de ce que le changement implique. Cependant, nous recommanderions de suivre les conseils des textes anciens et de respecter une période de 49 jours, 21 + 28 jours. Il y a bien évidemment toujours une notion de stabilité dans ces numéros, multiples de 7, avec le 49 qui est le 7 x 7, la plus grande stabilité. On retrouve ce chiffre tout au long du Bardo Thödol et dans les écrits orientaux. L'éveil et l'incarnation se font par exemple au 49e jour de grossesse, ce qui correspond aussi à la première libération de DMT par la glande pinéale du fœtus. Donc un chiffre sacré, mais ce n'est pas la raison pour laquelle nous le recommandons, cela permet juste d'ajouter une touche d'élégance et de sens. Accepter de respecter un cycle de 49 jours pour un changement de vie permet de prendre le temps de le mettre en place, mais aussi de prendre le temps de vivre ce changement.

Beaucoup de personnes sont parfois tentées de commencer la mise en place d'un autre processus de changement après les 21 jours normalement requis, sans avoir pris le temps de faire l'expérience de leur vie avec les bénéfices du premier. Il est essentiel de permettre à ces bénéfices de s'installer, de constater le plaisir et même le bien-être que cela nous apporte pour pouvoir cimenter ce changement un peu plus en nous. Cette période correspondrait au Bardo de l'orientation, du devenir, celui qui détermine l'avenir de l'âme du défunt. C'est la direction que la personne va prendre une fois que le changement est en place et avancer vers une nouvelle naissance. Cette naissance ne survient pas lorsque le changement a été mis en place, mais quand on a réellement fait l'expérience de ce changement. De ce qu'il implique, de tout ce qu'il apporte, et surtout des autres changements qui vont se manifester spontanément. Car une chose est certaine, si l'on change quelque chose dans notre vie, cela aura des conséquences sur tous les éléments qui y sont rattachés. Dans notre univers sous-lumineux, rappelez-vous que les choses et les événements sont reliés entre eux par une relation de causalité. Il faudra donc, durant ce bardo, passer par une acceptation de ce changement et de ses conséquences, c'est aussi pour cela que le texte mentionne une idée de « passage dramatique », parce qu'il n'est pas toujours possible d'anticiper ce que ces changements peuvent réellement impliquer, ni les répercussions qu'ils peuvent causer, ne serait-ce sur les relations que l'on entretient avec les personnes de notre entourage.

Selon la manière dont cette période se déroule, la personne va se diriger vers l'échec ou le succès, l'enfer ou le paradis, ce qui va déterminer comment sa nouvelle naissance va se faire :

- Soit vers « *un corps physique éventuellement encore plus grossier* », donc des structures psychologiques qui s'écroulent, une estime de soi entamée du fait de cet échec, etc. Donc même le changement peut présenter un risque comme ceux que l'on trouve dans les expériences de petites morts décrites jusqu'à maintenant ;
- Soit dans « *un corps mental plus subtil* », une élévation, une avancée, une élation à constater que l'on a réussi à faire un pas de plus vers notre propre bonheur, la fierté, et tous les bénéfices de l'expérience déjà décrits aussi.

Intéressons-nous à présent aux deux autres Bardos qui précèdent celui « du devenir » dans le cheminement de l'âme du défunt, de l'esprit de la personne qui a changé. Car oui, la partie concernant les trois Bardos en question se situe après la mort, donc après que le changement a été mis en place, c'est donc la mort de l'ancienne structure, de l'ancien comportement (nous reviendrons sur les trois autres Bardos ensuite).

Dans notre contexte de changement, le *Tchika Bardo* ou Bardo de l'agonie, est celui des moments entourant le moment où le changement est acté ; concrètement, c'est le moment de la décision. Une décision est un moment clef car c'est sur elle que s'articule la bascule d'un comportement ancien vers un comportement nouveau. Beaucoup de personnes seraient tentées de penser que cela se fait sur une durée, mais ce n'est pas vraiment le cas. Ce qui prend du temps, c'est le fait de mûrir cette décision, c'est le processus mental qui permet d'y parvenir, mais tout ceci appartient plus au bardo de la Concentration, celui qui va précéder la mort/changement. Dans le *Tchika Bardo*, c'est l'instant où l'énergie attribuée à l'ancien comportement est épuisée et bascule vers le nouveau, l'instant de la décision. C'est la période de la dissolution. Selon le Bardo Thödol, cette période dure trois jours et demi à partir de cet instant. Dire que cette durée a une réalité dans ce contexte serait pure spéculation de notre part et n'aurait pas grand intérêt dans notre discussion, mais puisque nous en sommes à accepter les chiffres comme ce 49, alors pourquoi pas. De la même manière, les sept premiers jours sont censés être ceux durant lesquels, on peut trébucher et perdre son chemin. C'est la période où nos vieilles habitudes vont se rebeller pour ne pas mourir, ces fameuses divinités irritées. Les structures en place tentent de saborder le travail pour ne pas être dissoutes.

Le cinquième Bardo est dit de la *Dharmatä*, la luminosité, vient ensuite. C'est celui de l'expérimentation de la lumière, du succès, de la réussite de l'épreuve. C'est le moment où l'on constate que le nouveau comportement fonctionne et remplace l'ancien de manière plus efficace et en cohérence avec nos aspirations profondes. Dans le texte original, dans tout ce processus jusqu'à atteindre la lumière, l'âme est confrontée à différentes divinités, d'abord les divinités paisibles, puis les divinités irritées. L'auteur ne laisse jamais vraiment de doute sur le fait qu'elles sont des représentations archétypales des différents aspects de l'âme, et en l'occurrence dans notre contexte de changement, de la psyché de la personne. Ces divinités pourront être ses doutes causés par des croyances préexistantes, ses réticences au changement qui pourront générer des peurs ou de l'anxiété, quelles que soient les parties qui sont représentées, il sera essentiel de leur faire face, de les accepter pour ce qu'elles sont si l'on veut avoir une chance de faire naître le changement, et de surtout pas les ignorer. Cela implique une nécessité de bien identifier les croyances limitantes qui pourraient venir s'opposer au changement que l'on essaye de mettre en place par exemple, de ne pas se laisser envahir par la peur de l'échec, ni même la peur de réussir, toutes ces choses devront se dissoudre dans la lumière, leur réalité être acceptée pour les intégrer et utiliser leur énergie pour alimenter la transition.

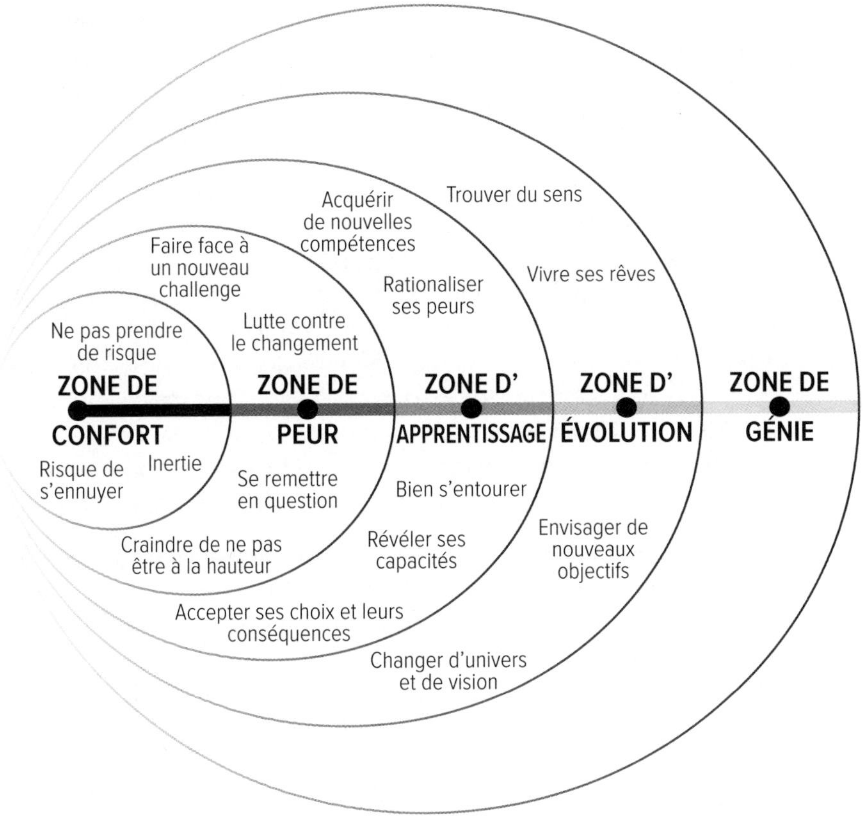

Fig. 12: Étapes dans le processus du changement

Ce sont toutes ces choses qui vont déterminer la qualité du premier bardo, celui qui existe entre la naissance de l'individu dans ce nouveau comportement, jusqu'à sa mort vers un nouveau changement futur. C'est dans ce bardo que le comportement sera testé et qu'il sera alors possible de déterminer si le changement a été bénéfique ou pas, constructif ou pas, s'il nous a permis d'avancer dans la bonne direction. Cet aspect qualitatif du changement sera, comme le dit le Bardo Thödol, déterminant pour savoir quelle sera « la durée de la nouvelle incarnation », donc combien de temps devra s'écouler avant d'avancer vers un nouveau changement, une nouvelle dissolution et modification de l'ego, un nouveau changement de paradigme.

Donc le changement est un processus, avec des étapes, et la clef du succès d'une telle expérience réside dans le respect de ses besoins et de ses réalités. Donc il est essentiel de donner du temps aux choses, de ne rien faire dans la précipitation, comme la personne en méditation, d'être dans la contemplation des mouvements et de ne passer à l'étape suivante que lorsque la précédente permet le mouvement. Donc 49 jours pour un changement. Voici quelque chose qui pourra sembler arbitraire, issu d'une sagesse ancestrale, mais qui semble toujours trouver sa place dans nos vies aujourd'hui. Le Bardo Thödol lui-même stipule bien que certaines étapes pourront prendre plus de temps, en fonction des réalités de chacun. Et bien soit, restons flexibles et donnons-nous plus de temps si nous en ressentons le besoin, mais essayons de bien garder cette période de temps minimum, ne serait-ce que pour être dans la contemplation de nos efforts et laisser le deuxième bardo, celui du rêve venir nourrir notre essence des fruits de ce changement.

« Dès la naissance, l'âme incarnée prend conscience du monde extérieur à travers les sens. Durant le sommeil, ces parcelles de conscience rejoignent la conscience basale (*alaya vijnâna*). Elles s'éveillent et déterminent les types et la nature des rêves. Elles marquent la conscience de base puis se résorbent en elle[1] ». Tous les enseignements que l'on reçoit durant ces états de changement sont ainsi métabolisés par l'inconscient pour venir enrichir l'individu. Ainsi, nous pouvons compter sur toutes les structures cérébrales, conscientes et inconscientes, pour nous aider dans ces transitions. Mais comme c'est le cas lorsque nous parlons des rêves, ce travail et la qualité de ce travail, est directement conditionnel à l'importance qu'on lui donne et à la motivation qui l'accompagne. Il faut donc qu'il y ait un réel désir de changement, suffisamment fort pour supplanter les peurs qui pourraient se manifester.

La qualité de notre capacité au changement est donc directement en lien avec la qualité de notre vie, notre santé physique, mentale et émotionnelle. En effet, cette capacité est corollaire de ce que l'on appelle les *Gunas* dans le système cognitif yogique et qui ont une influence sur le fonctionnement des différents Chakras d'un individu. Nous ne voulons pas entrer dans une discussion pour savoir si les Chakras ont ou pas une réalité physique, comme tout ce dont nous avons discuté jusqu'à maintenant, il est tout à fait

1. Jacques Henri Prevost, *Petit Manuel d'Humanité*, cahier n° 18.

possible d'accepter ces éléments issus de la sagesse orientale comme étant des illustrations de principes psychologiques, somatiques ou psychosomatiques concrets.

Fig. 13: Les chakras du corps humain

Ces 3 *Gunas* donc, sont trois modes ou qualités que l'on attribue à l'activité psycho-émotionnelle d'une personne. Chaque Chakra, même indépendamment des autres, pourra fonctionner sur l'un de ces modes d'activité, qui sont:

- « SATTVA »; l'activité sattvique est harmonieuse, bénéfique, claire, positive, stable, vertueuse;
- « RAJAS »; l'activité rajasique est passionnée, intense, égocentrée, mue par le désir, positive comme négative;
- et « TAMAS »; l'activité tamasique est chaotique, obscure, obstruée, épuisante, en cercle vicieux, négative.

Dans le tableau suivant, on retrouve les conséquences de ces trois modes d'activité sur les six premiers Chakras[1]:

GUNAS Chakras	TAMAS (obscurcissements, inerte)	RAJAS (passion, activité)	SATTVA (stabilité, clarté)
MOOLADHARA (peur / sécurité)	Terreur	Sécuriser	Sérénité, sécurité absolue
SWADDHISTHANA (joie)	Tristesse infinie	Sexe, plaisir, hédonisme	Joie sans objet
MANIPURA (action)	Impossibilité d'agir	Action et contrôle	Action au service des autres
ANAHATA (amour)	Absence de sentiments envers les autres	Amour conditionnel	Amour inconditionnel, compassion équanime
VISHUDDHI (communication)	Reclus	Communication fluide	Communication charismatique
AJNA (mental/ connaissance)	Impossible de penser	Compétence intellectuelle et logique	Sagesse et intuition

Ces différents *Gunas*, sont comme différents niveaux de capacité à avancer vers Soi, à faire les choses sans se laisser distraire par les illusions. Selon dans quel *Guna* nous sommes (sur tel ou tel Chakra dans le cas présent, car nos avancées ne se font pas toujours sur tous les plans à la fois) nous sommes plus ou moins proches de l'ego dans notre manière d'agir, plus ou moins dans l'action ou la réaction.

1. Le 7e Chakra étant considéré comme transpersonnel, transcendant et supralumineux, donc hors d'atteinte du sensible.

Ce qui est aussi intéressant, c'est de réaliser que ces *Gunas*, s'appliquant sur chaque Chakra indépendamment des autres donne un très grand nombre de combinaisons possibles, de configurations psycho-émotionnelles que l'on pourra retrouver chez les personnes (3^7 pour être exact, soit 2187 configurations). Pour les personnes que ce principe intéresse, je vous invite à retrouver en fin de cet ouvrage, les récapitulatifs des fonctions de chaque Chakra en fonction de ces trois *Gunas*. L'intérêt de ces informations réside dans la capacité à identifier nos propres forces et faiblesses face à notre volonté d'avancer vers nous-mêmes, quels seront nos atouts et les éléments qui auront besoin de toute notre attention en vue d'une amélioration globale. Car vous imaginez aisément que vous voudrez plutôt faire partie des personnes dont la configuration psycho-émotionnelle se rapprochera le plus possible d'une majorité de *Gunas Sattvas*.

Les psychotropes et l'apprentissage de la mort

> « Vous avez entendu parler de la glande pinéale ? Je ris à l'idée de ce qu'en pensent les dupes et les disciples de Freud. Cette glande est le plus grand des organes des sens. Je l'ai découvert. C'est comme une vue sans fin qui transmettrait les images au cerveau. Si vous êtes normal, c'est ainsi que vous devriez le percevoir. Vous aurez la preuve de l'au-delà. »
>
> H. P. Lovecraft, *De l'au-delà* (1920)

Apprendre à mourir

Aujourd'hui, l'engouement d'un grand nombre de personnes pour les expériences chamaniques, que cela soit avec l'Ayahuasca ou d'autres psychotropes est aussi lié à un besoin de retrouver des rites initiatiques, de s'approcher de l'expérience de petite mort. Lorsque l'on utilise des psychotropes en général, et des enthéogènes en particulier, cela permet justement de générer, de manière parfois un peu brutale nous en avons déjà parlé, ces expériences de mort de l'ego.

Les chamanes d'Amazonie et notamment celui auprès duquel nous avons fait notre apprentissage, nous ont toujours dit que le travail avec l'Ayahuasca était un travail de déconstruction. Cela consistait à défaire, démonter, décomposer d'anciennes structures une par une, dans un ordre précis, cohérent et suivant une logique

Fig. 14: Divinité tibétaine (Katmandou – Népal)

entendue consciemment, pour les remonter à nouveau dans le contexte d'un paradigme en constante évolution. Lorsque l'on fait un apprentissage chamanique tel que celui-ci, c'est une répétition incessante de ces expériences de mort de l'ego, à des intensités très variables, semaine après semaine. Aujourd'hui, avec l'expérience que nous avons acquise après ce processus et les années qui ont suivi, nous serions plus tentés de penser que la répétition trop importante et trop rapprochée de cette expérience n'est pas constructive pour une personne qui n'est pas dans une démarche « professionnelle ». Nous avons évoqué cette idée de cycles de 49 jours et dans un contexte tel que celui-ci, cela nous paraît être un minimum, ne serait-ce que pour avoir une chance d'intégrer l'ensemble des informations qui ont pu nous parvenir.

Nous avions déjà mentionné que l'expérience de la mort de l'ego se présente déjà comme une perturbation du flot de la conscience normale, et c'est exactement ce que les psychotropes vont faire chez une personne, même si cela est populairement désigné par le mot « trip » qui est bien moins inquiétant ou anxiogène. Mais cela ne retire rien au fait que si ce trip atteint des intensités suffisantes (ce qui est presque systématique avec les expériences utilisant des enthéogènes), il pourra déclencher une expérience de mort de l'ego. Vous voyez immédiatement, sachant qu'il existe des conséquences pouvant être graves au fait de s'exposer à des sagesses non voulues ou non méritées, qu'il pourrait rapidement s'avérer être une mauvaise idée d'utiliser des psychotropes dans un cadre récréatif, ou même pour toute autre raison ne laissant pas de place à une notion thérapeutique.

Ne croyez pas non plus qu'il faut une dose élevée pour déclencher ces expériences, c'est souvent le cas certes, mais ce n'est pas une condition nécessaire, il suffit que certaines conditions (internes majoritairement) soient réunies. Même ce qu'une personne a mangé la veille pourra avoir une incidence importante sur l'intensité d'une expérience[1].

Ces substances altèrent les schémas neuronaux normaux du cerveau, en poussant des zones normalement déconnectées à s'exprimer tout en bloquant celles qui sont normalement très

1. Par exemple, dans le cas de l'Ayahuasca, tous les aliments contenant des précurseurs de la Sérotonine (fromages, chocolat, avocat, tous les aliments fermentés...) auront un impact très important sur l'intensité de l'expérience. De même, dans le cas de 2 % de la population environ, la caféine est totalement à proscrire.

fréquentées. Les neurologues ont identifié le « Réseau du Mode par Défaut » dans le cerveau, qui est actif lors de son état de veille normal. Les substances peuvent pousser le cerveau à shunter ce réseau et à privilégier des régions du cerveau plus « obscures ». Ces substances sont toutes différentes, renfermant des cocktails de molécules permettant d'activer, d'inhiber, ou de prendre la place d'autres molécules dans un processus naturel, et pour compliquer un peu plus les choses, les sensibilités individuelles vont faire que l'on aura de plus ou moins bonnes réactions selon les substances avec lesquelles nous serons en contact. Ceci sera donc déterminant pour la qualité et la nature même de l'expérience. Même après avoir travaillé des années durant avec l'Ayahuasca, le simple fait de changer légèrement la recette en ajoutant ou remplaçant d'autres plantes pouvait avoir un impact radical sur le résultat obtenu.

Le principe de l'impermanence de l'expérience s'exprime pleinement ici, il n'y aura jamais deux expériences identiques, les structures psychiques d'une personne changent, d'autant plus vite qu'elle entreprend un travail personnel, si l'on choisit la voie des plantes ancestrales dans notre cheminement vers la mort de l'ego et la renaissance, on vient ajouter un peu plus de variabilité sur l'impermanence. Ces expériences sont donc à approcher avec une certaine circonspection, dans un cadre professionnel et de confiance, d'accompagnement par des personnes qui ont conscience des implications que peuvent entraîner les expériences de la mort de l'ego pour un Occidental.

Fort heureusement, les incidences problématiques (visiblement graves) sont rares, mais cela ne veut pas dire qu'un mauvais accompagnement et qu'une expérience difficile ne vont pas laisser s'installer des traumatismes psychiques. Un traumatisme psychique est un événement qui s'installe de façon pathologique, non pas à cause de sa violence intrinsèque, mais parce que celui-ci remet en scène d'autres événements similaires qui n'ont pas pu se résoudre dans le vécu de la personne ou même dans des générations antérieures. C'est justement pour ces expériences qu'il est essentiel d'avoir un accompagnement compétent si l'expérienceur n'est pas capable de faire ce travail lui-même (et même ainsi, il serait malgré tout recommandé de les débriefer régulièrement). Nous abordons tous ces expériences avec un bagage plus ou moins lourd qui hante notre inconscient, ces fantômes du passé que l'on a créés et parfois oubliés (ou essayé d'oublier) ou dont on a réprimé la mémoire, ou même ceux que l'on a hérités de nos ancêtres plus ou moins lointains. Ces fantômes sont autant de non-dits, d'informations bloquées, qui continuent d'agir sur notre inconscient, allant parfois jusqu'à saper nos efforts pour atteindre le bonheur, et qui vont retrouver une substance dans l'expérience de mort de l'ego. Ce sont tous ces démons auxquels, à mesure qu'ils refont surface, nous devons faire face en traversant certains Bardos et qui vont risquer de causer une peur suffisante pour entraîner la sidération, l'absence de mouvement et de changement.

Tout ceci permet un peu plus d'insister sur le fait que seul un ego préparé peut entreprendre une telle expérience, il faut donc bien considérer sa décision, et toutes ses implications, lorsque l'on fait le choix de l'utilisation de psychotropes, et quels psychotropes. Ce n'est pas une méthode qui est faite pour tout le monde, certaines plantes pourraient donner de bons résultats d'autres pas, il faut donc que cela soit une décision éclairée et mûrie. Ce n'est pas pour rien que l'approche d'une cérémonie de Ayahuasca génère toujours une petite part d'incertitude, voire de peur, même chez les personnes comme nous-même qui l'utilisent très souvent pendant des années.

> *Nous troublons la vie par le souci de la mort, et la mort par le souci de la vie. L'une nous cause du regret, l'autre nous effraie. Ce n'est pas contre la mort que nous nous préparons, c'est une chose trop momentanée: un quart d'heure de souffrance passive sans conséquence, sans dommage, ne mérite pas des préceptes particuliers. À dire vrai, nous nous préparons contre les préparations à la mort.*
>
> (Montaigne, Essais, Livre III, Chapitre XII)

Petite mort – dépression – toxicomanie

Dans beaucoup de cas de personnes qui vivent ou ont vécu une petite mort, il existe, durant une certaine période, une forme de crise existentielle et même spirituelle. Celle-ci survient au moment de la dissolution des anciennes structures, c'est un moment de battement, d'instabilité qui peut engendre de l'anxiété, voire de la peur, comme nous l'avons plusieurs fois expliqué. Parfois, cette période pourra durer un peu, quelques jours ou même quelques semaines, et donner l'impression que l'on est entré dans une forme de dépression. Cette période peut s'accompagner de différentes sensations qui vont conforter cette idée : malaise, désespoir, se sentir perdu… Mais il y a une différence essentielle et profonde entre cette phase et une véritable dépression, simplement du fait qu'il ne s'agit que d'une période transitoire de réajustement. Certes, ce n'est pas un moment forcément très agréable, mais qui mène vers cette fameuse renaissance que l'on recherche.

Lorsqu'on s'approche d'une notion de dépression, nous sommes dans une dimension pathologique, souvent liée à un ou plusieurs traumatismes psychiques. C'est effectivement une occurrence possible comme nous le mentionnions dans le point précédent pour des personnes qui se retrouvent à devoir faire face à leurs vieux démons sans un accompagnement solide, ni même une volonté de le faire. Nous expliquions que cela pouvait mener à une sidération, souvent exprimée par un état dépressif.

Cette sidération découle d'un événement stressant (un traumatisme psychique créé ou réactivé durant l'événement) d'où toute échappatoire est, ou semble impossible. Vous imaginez bien qu'une personne qui vit une expérience intense, avec toutes les descriptions que nous avons données sur ce qu'il se passe lors d'une confrontation entre les domaines sous- et supralumineux, la difficulté que la conscience sous-lumineuse peut parfois avoir à réconcilier son fonctionnement normal avec les perceptions supralumineuses, le décalage qu'il peut exister lorsque l'on fait face à un signifié pur en absence de signifiant, et le choc que peut entraîner cette vision totale de notre propre essence… cette personne s'expose de multiple fois à un traumatisme psychique et sera à peu près certaine d'avoir à subir au moins quelques « micro-traumatismes ». Ces microtraumatismes sont sans gravité en eux-mêmes et peuvent simplement résulter de constats d'erreurs passées, ou d'histoires non résolues et dont on réalise soudainement qu'elles influencent toujours activement notre vie ; mais elles ne causeront pas de sidération (il faudrait beaucoup plus que cela), parfois de simples remises en question.

Mais sans même entrer dans les considérations d'une expérience impliquant des psychotropes, les histoires de vies de beaucoup de personnes comportent de tels événements. Dans le cas d'un traumatisme fort, la réponse émotionnelle restera à son maximum même après la fin de l'expérience : le circuit thalamo-cortico-amygdalien ne pourra plus gérer plus les informations entre les différentes instances de régulation. Il ne peut plus s'appuyer sur les représentations du cortex associatif, ni mobiliser via l'hippocampe les souvenirs qui permettraient l'analyse et la compréhension de l'événement, puisque la conscience n'avait jamais fait l'expérience de cette problématique auparavant.

L'esprit se trouve alors coincé dans une sorte de boucle, un cercle vicieux, et même après l'arrêt de l'événement qui a initialement généré le stress, l'axe hypothalamo-hypophyso-surrénalien, constamment stimulé[1], continue de produire beaucoup de cortisol et le système nerveux autonome sympathique des taux importants d'adrénaline, nocifs pour l'organisme. L'amygdale et le circuit émotionnel vont rester activés sans possibilité d'inhibition, ce qui provoque un risque vital pour l'organisme en danger de « survoltage ». Le circuit du stress va alors « disjoncter », et une production de neuromédiateurs et d'endorphines va démarrer pour entraîner une anesthésie physique et psychique de la souffrance.

De cette manière, l'amygdale se déconnecte du cortex associatif qui ne reçoit plus d'information émotionnelle. Cependant les stimuli traumatiques vont continuer d'arriver via le thalamus au cortex sensoriel, ils vont être traités par le cortex associatif mais sans connotation émotionnelle, sans souffrance psychologique, sans souffrance physique (en tout cas ressentie consciemment), ce qui va donner une impression d'étrangeté, d'irréalité, de dépersonnalisation : il s'agit là du processus de dissociation. C'est un système de protection endogène visant à permettre à l'individu de sortir d'un état de sidération même si la problématique reste toujours active. La coupure d'avec l'émotionnel donne une chance au cerveau de

1. Du fait de la confrontation successive d'une problématique pour laquelle on ne trouve pas de solution viable.

trouver une solution consciente et construite. C'est le principe des médicaments antidépresseurs, ils coupent l'émotionnel d'une personne, ou le réduisent suffisamment, pour lui donner l'occasion de se reconstruire sans être saturé par des vagues incontrôlables d'émotions qui étoufferaient toute chance de solutionner la problématique.

La plus grosse problématique survient lorsque la solution devient elle-même un problème et qu'elle alimente la problématique de base. C'est-à-dire que les sujets ne vont plus chercher à faire face et résoudre les traumatismes, mais vont chercher toutes les conduites et les moyens qui leur permettront de maintenir ou de renouveler la dissociation. La solution de dissociation devient alors une échappatoire pour se couper du traumatisme et du risque de sidération, sans jamais faire face à source de la problématique. Dans beaucoup de cas, l'addiction deviendra alors une solution idéale puisque « facile » à entretenir. Dans ce cas, c'est l'ego qui en vient à tout faire pour faire taire le Soi, le nier. Sur la dépendance physique vient alors se surajouter la dépendance, beaucoup plus sournoise, psychologique, entraînant le sujet dans une spirale dangereuse, puisque non seulement le traumatisme ne s'élimine pas, mais le fait de maintenir le système dissocié laisse ces souffrances accumuler peu à peu sans même que l'on s'en rende compte. C'est notamment ce qui explique pourquoi les drogues créant des dépendances sont prises avec des doses dont les doses doivent augmenter constamment, proportionnellement à la souffrance qui augmente sans qu'on la ressente.

Si l'on prend l'exemple de l'Ayahuasca (c'est la seule nous connaissions vraiment bien), même si en France elle est catégorisée au rang des drogues dures (à raison ou pas, le débat n'est pas là), elle ne présente pas les caractéristiques des autres drogues inscrites sur cette liste. Premièrement parce qu'elle n'est pas addictive, pour en avoir fait l'expérience nous-mêmes et l'avoir vu chez de nombreux chamanes, plus on prend souvent l'Ayahuasca, plus les doses ont tendance à réduire[1]. Ensuite, elle n'est pas dommageable pour la santé physique à court ou long terme, au contraire même en cela qu'elle permet une augmentation des taux de sérotonine, la création de nouvelles connexions neuronales… la liste continue encore, mais notre but n'est pas de vous faire l'inventaire des bienfaits de cette plante millénaire, mais de marquer une différence fondamentale.

1. Et plus on travaille, en enchaînant les nuits de cérémonies, plus on a hâte de voir les vacances se profiler.

Oui, utilisée dans de mauvaises conditions, elle pourra révéler des traumatismes psychologiques (décalages psychologiques ou autres) découlant d'une impossibilité de réconcilier le signifié des visions avec la réalité consciente[1], mais elle ne viendra pas les créer. Il s'agit seulement d'une révélation, d'une mise en lumière de ce qui était ignoré ou réprimé, comme on pourrait en avoir dans le cabinet d'un thérapeute, mais avec une intensité bien plus importante. Les enthéogènes constituent un outil très impressionnant pour le cheminement vers la mort de l'ego, mais seulement si cet outil est manié correctement, de manière constructive, dans le respect de soi-même. Ce n'est pas quelque chose qui risquera de mener à l'entretien d'une dissociation prolongée comme les drogues de cette fameuse liste. Certains centres spécialisés en Amérique du Sud, comme Takiwasi, le Centre de Réhabilitation de Toxicomanes et de Recherche sur les Médecines Traditionnelles qui a été fondé par le Docteur Jacques Mabit, les utilisent même pour aider les personnes à se libérer de leurs addictions.

Prenez donc bien garde à ne pas confondre la véritable dépression liée à un traumatisme psychologique parfois ancien qui ne se résout pas, et cette impression d'être au creux de la vague, entre une mort et une renaissance. L'une pourra éventuellement mener à ce principe de décrochage émotionnel, tandis que l'autre n'est qu'un temps de latence avant d'avancer vers un mieux-être. Un peu comme avec l'image du papillon que nous avions pris précédemment, à sa sortie de la chrysalide, le papillon est particulièrement vulnérable, incapable de voler ou même de se déplacer, ses ailes ont besoin d'un temps pour se déployer à l'issue de la transformation. Dans l'expérience paroxystique, vous ne pouvez pas vous perdre comme cela serait le cas dans les expériences liées à des drogues « toxiques-o-maniaques » qui, elles, vont plutôt tendre vers une destruction du Soi (ou en tout cas la négation du Soi, celui-ci ne pouvant être réellement détruit) plutôt que de l'ego.

1. *Visions chamaniques: l'Ayahuasca et l'imaginal*, Sébastien Cazaudehore, Véga.

La chute dans l'astral et les petites morts négatives

> « Être amer, c'est attribuer l'intention et la personnalité au vide sans forme, infini et immuable. Nous dérivons sur une mer sans carte et sans résistance. Chantons quand nous le pouvons et oublions le reste. »
>
> H. P. Lovecraft (*Selected letters*)

Les petites morts « négatives »

Dans l'évolution de l'âme des défunts au travers des différents Bardos, si elle ne parvient pas à reconnaître la lumière qui brille sur/en elle, si elle ne reconnaît pas les divinités paisibles et irritées qui se présentent à elle, alors elle se plongera dans une peur de plus en plus profonde. Et plus cette peur grandira, plus il deviendra difficile de pouvoir se reconnaître elle-même. La peur appelle la peur et amène la terreur. Cette chute dans la peur peut être une peur de vivre, de mourir, ou même être une inconscience de son propre état de mort.

Lorsque nous parlons de petite mort négative, c'est évidemment dans une polarité d'une expérience qui serait vécue comme positive, c'est-à-dire en adéquation avec les bénéfices que l'on serait en droit d'espérer d'une telle expérience tout en considérant les difficultés inhérentes à leurs rencontres et le risque potentiel qu'elles représentent. Elles seraient donc qualifiées de « négatives » non pas du fait d'un éventuel caractère traumatique, cela peut tout à fait accompagner une expérience dite positive, mais pour désigner une expérience qui serait dominée par un émotionnel négatif (peur, terreur, panique principalement) causant une absence de retombées bénéfiques et positives pour l'avancée, le développement de la personne.

En aucun cas, nous voulons induire la possibilité qu'une expérience de mort de l'ego négative soit quelque chose lié à une notion punitive ou pathologique, comme si une telle expérience était née du fait qu'une mauvaise personne l'ait vécue ou qu'elle ait été punie pour l'avoir abordée pour de mauvaises raisons. Comme vous l'imaginez sans peine avec tout ce que nous avons avancé jusqu'à maintenant, cette conception se trouverait bien trop proche de considérations... sous-lumineuses, voire pas éclairées du tout. Une conception manichéenne cantonnerait l'expérience dans une imprégnation de morale Judéo-chrétienne avec des notions « d'échelle des valeurs », « de bien et de mal », « de responsabilité face aux conséquences de ses actes »... Dans le cas d'expériences transcendantes, les aspects liés à un émotionnel négatif et à une impossibilité d'atteindre les bénéfices escomptés ne sont généralement pas vécus dans une connotation de culpabilité, de moralisation ou de jugement de valeur. En revanche, lorsque l'esprit conscient fera face à cet « échec » chargé d'un émotionnel difficile et de signifiés sombres et peu constructifs, il y aura alors une tendance consciente à attribuer un jugement de valeur « négatif » à l'expérience. Donc cette dénomination de « négative » ne se fait que dans ce contexte, sans jamais considérer l'expérience elle-même comme étant négative, comme tout ce qui appartient au supralumineux, elle EST, c'est tout. Ce que l'on en fait ensuite et comment elle sera cataloguée dépendra de la personne qui la reçoit.

Reste que la personne doit affronter un émotionnel très difficile dans ces expériences (rares fort heureusement) qui est radicalement opposé à ce que nous avons décrit des expériences paroxystiques jusqu'à maintenant, outre la période de peur initiale qui sera commune. Ceci étant dit, si l'on se plonge dans le Bardo Thödol, on constate qu'une phrase revient régulièrement au fil des textes : « N'aie pas peur de cela. Ne sois pas terrifié. Ne fuis pas. Ne crains pas ». Selon nous, si c'est autant répété, c'est pour une excellente raison. Si l'on est obligé d'enjoindre une personne à ne pas avoir peur, c'est généralement qu'elle aurait une bonne raison d'avoir peur ; après tout, elle est censée affronter sa propre mort.

Dans le cadre d'une expérience de mort de l'ego négative (quelle que soit son intensité), on retrouve une certaine polarité dans les signifiants : ce qui était élation, amour, restructuration, union, narcissisation, recentrement, devient détresse, haine, solitude, déstructuration, dispersion, horreur, perte de sens, etc. Nous sommes donc loin de l'expérience de mort « vécue » dans la béatitude la plus complète. Mais si nous sommes parfaitement honnêtes, et que nous nous autorisons un instant à nous faire rattraper par cette culture judéo-chrétienne et beaucoup d'autres notions, nous avons déjà entendu des termes comme enfer, purgatoire, flammes éternelles... Rassurez-vous (nous croisons les doigts tout de même), il est peu probable qu'une expérience négative soit en relation avec tout ceci, mais il convenait de le mentionner.

En toute probabilité, la qualité de l'expérience et la manière dont on la vit, que cela soit une expérience de mort de l'ego, ou une mort physique complète, dépendent directement de la manière dont l'esprit est préparé à la vivre. Il faut en plus tenir compte du fait que pour les personnes faisant l'expérience de la mort de l'ego, il y a trois phases distinctes : un avant, un pendant et un après. Cet après est très important puisqu'il détermine comment l'expérience en elle-même sera gérée par la conscience, dans le monde sensible. Le conscient aura pour tâche d'intégrer un vaste ensemble d'informations dans les limites du corps, une réalité supralumineuse dans un cadre sous-lumineux. Et ce n'est pas une mince affaire, beaucoup de personnes vivent très mal cette réintégration, se heurtant parfois même à un rejet presque somatique de l'esprit conscient qui n'a pas été préparé, cette réintégration remettant trop de structures en cause, voire la stabilité psychique de l'individu. Le décalage entre l'expérience cosmique et la réalité matérialiste est simplement trop important et entraînera une « négociation » consciente de cette intégration, et cela pourra se faire de deux manières :

- La personne accepte ses propres limitations et trouve la possibilité de retourner dans les frontières de son corps telles qu'elle les connaissait avant l'expérience. Mais cela implique que les structures mêmes de l'identité de la personne, ses structures psychiques avec lesquelles elle est entrée dans l'expérience, aient suffisamment résisté pour qu'il soit possible de retrouver des référents stables et fonctionnels.

- Ou il y a une impossibilité d'acceptation de retour dans ces limites et cette limitation. La personne se trouve en but à un malaise identificatoire ne lui permettant plus de s'appuyer sur ses référents habituels (tout en refusant l'émergence de nouvelles structures), trop de ses structures psychiques ont été ébranlées par l'expérience pour espérer pouvoir les retrouver.

Mais si la réintégration pose problème, donc cet « après » expérience, c'est généralement parce que « l'avant » et le « pendant » ont aussi été difficiles. Nous avons déjà largement mentionné les besoins d'une préparation mentale, psychologique, transpersonnelle et même physique requise pour envisager ce type d'expériences, et nous ne reviendrons pas dessus. En revanche, il y a ce « pendant » qui peut présenter des difficultés lorsque l'esprit n'a pas été préparé, et dont nous n'avons pas réellement parlé encore.

Tournons-nous encore une fois vers la sagesse ancestrale bouddhiste du Bardo Thödol pour trouver les premiers éléments de réponse :

> « Hélas ! quand l'Expérience de la Réalité luit sur moi toute pensée de peur, de terreur, de crainte des apparences étant rejetée ; Puissé-je reconnaître que toute apparition est une réflexion de ma propre conscience ; Puissé-je les reconnaître comme étant de la nature des apparitions du Bardo.
>
> Au moment très important d'accomplir une grande fin, puissé-je ne pas craindre les troupes des Divinités paisibles et irritées qui sont mes propres formes-pensées. »

Le danger de l'esprit qui ne se connaît pas et qui avance malgré tout à la rencontre de lui-même, est de prendre peur en découvrant cette réalité. Cette peur dont nous avons longuement parlé est le point sur lequel s'articule toute l'expérience : si l'expérienceur reconnaît ses propres manifestations archétypales et accepte le lâcher-prise, il entre dans la lumière et poursuit son expérience libéré de la peur. En revanche, s'il en est incapable, manifestation après manifestation, partant des « divinités paisibles », en passant par les « divinités irritées », puis les « divinités buveuses de sang », de reconnaître ses propres « formes-pensée », les représentations archétypales de sa psyché, alors il sera assailli par la peur, puis la terreur.

Dans le texte, de nombreuses fois l'âme sera exposée à différents éléments en plus de ces divinités, dont des lumières de différentes couleurs, représentant des aspects clefs de ce voyage dans le royaume des morts. Et plus il se laisse emporter par la peur, plus il s'éloignera de son chemin qui doit le mener à la propre lumière.

> « Ô fils noble, si tu es de ceux qui n'ont pas mérité d'entendre les paroles choisies d'un guru, tu auras peur des radiations de la Sagesse et des déités que tu verras là-bas. Ainsi effrayé, tu seras attiré vers les impurs objets *sangsāriques*. N'agis pas ainsi. Crois humblement en la pure et éblouissante radiation de la Sagesse
>
> Ô fils noble, en ne les reconnaissant pas maintenant et en fuyant ces déités par peur, encore une fois les souffrances viendront te submerger. Si tu ne sais pas cela, les Déités Buveuses de sang te faisant peur, tu seras fasciné, terrifié, tu t'évanouiras. Tes propres formes-pensées se tourneront en apparences illusoires et tu erreras dans le *Sangsāra*. Si tu n'es pas fasciné et terrifié, tu n'iras pas errer dans le *Sangsāra*. »

La sentence est claire. Si la personne n'est pas préparée et qu'elle se laisse entraîner par ses peurs, elle verra son esprit se tourner contre lui-même et la condamner à l'errance et à n'être attiré que par des illusions qui l'entraîneront toujours plus loin de son chemin. Cette errance est le retour dans une incarnation similaire, avec les mêmes structures et problématiques ; l'errance est une répétition des erreurs pour essayer à nouveau de trouver une solution.

> « Dans ces radiations, le son naturel de la Vérité se répercutera comme des milliers de tonnerres. Le son viendra comme des ondes roulantes, on pourra entendre : « Tue, tue » et les mantras qui inspirent la peur. Ne crains pas. Ne fuis pas. Ne sois pas terrifié. Connais-les pour être les facultés intellectuelles de ta propre lumière.

> Quant aux gens ordinaires, est-il besoin d'en parler ? En fuyant par peur, terreur et crainte, ils tombent par-delà les précipices dans les mondes malheureux et souffrent. »

C'est ce que l'on retrouve dans ces quelques rares cas de personnes qui n'ont pas pu gérer cette expérience, ou se faire face à elles-mêmes. Le retour de l'expérience de mort de l'ego dans un contexte aussi négatif est heureusement très rare répétons-le, d'autant que les conséquences sont assez difficiles à gérer, s'apparentant à un véritable traumatisme psychologique relevant de la pathologie, comme c'est le cas pour un effondrement mental total, pouvant s'accompagner d'une période de dépression plus ou moins importante selon la manière dont « l'après » est abordé et géré.

Le plan astral

Nous ne parlons pas ici de la chute de l'ego qui aura tendance à causer ces expériences négatives, mais de cet endroit où les âmes en fuite « tombent par-delà les précipices dans les mondes malheureux et souffrent ». Beaucoup auraient certainement pensé que nous aborderions la notion d'enfer en tant que destination possible dans le royaume des morts, mais n'allons pas le faire pour deux raisons :

- Tous ne s'accordent pas sur l'existence de cette dualité paradis/enfer, récompense/punition, et qui semble parfois être une construction manichéenne dont l'utilité est principalement sociale, visant à motiver des comportements individuels adéquats.
- Si déjà nous étions réticents à nous engager dans une profonde spéculation, assez peu objective il faut bien l'avouer, concernant les réalités de ce qui pourrait ou pas se passer lorsqu'une âme franchit la frontière qui la sépare définitivement du monde des vivants, ce n'est pas pour soudainement nous engager encore plus loin sur des notions (qui ne font pas l'unanimité) et qui impliqueraient un jugement de notre part.

De même, nous ne rejetons pas la notion de jugement de l'âme, même si elle reste très polarisée, mais nous serions plutôt enclin à favoriser une idée selon laquelle l'âme se juge elle-même, comme lorsque l'esprit avance vers l'expérience de mort de l'ego. Ce jugement se ferait par le biais de cette capacité de l'âme à se préparer au changement d'état, sa capacité à évoluer et donc à se libérer facilement des pièges de la peur de la lumière. C'est un choix personnel probablement, comme beaucoup d'autres. Mais dans une conception cyclique de la vie et de la mort, l'impossibilité de la libération de l'âme, les peurs endurées et la nécessité de devoir retourner dans l'incarnation, sont généralement perçues comme des punitions en soi.

En revanche, la notion de plan astral (ou de bas astral comme on l'appelle parfois[1]), est importante et il existe de très nombreux récits de personnes ayant visité ou traversé ce plan, que cela soit lors de NDE ou d'expériences de mort. Nous ne voulons pas comparer le plan astral à la croyance au Purgatoire, cela nous ferait retomber dans notre polarisation du concept selon une notion punition/récompense, et du fait que celle-ci soit issue d'une christianisation par Saint Patrick en Irlande de légendes celtiques et de croyances diverses. Ce ne sont pas lesdites croyances qui nous posent problème, mais le fait qu'elles aient subi une adaptation pour y introduire cette notion manichéenne. La dénomination de plan astral fait référence encore une fois à l'approche bouddhiste tibétaine qui a été reprise par le courant théosophique de Helena Blavatsky[2].

Dans cette conception, il existe sept plans (le nombre sept rappelle les sept chakras, les sept plans, les sept vertus, sept sortes d'anges...) représentant les « sept corps » de l'être humain, l'organisme physique, et six autres, invisibles, les corps subtils. Ces sept corps correspondent aux sept plans de l'Univers, hiérarchisés du plus matériel au plus subtil. Ce qui nous permet de revenir à la notion d'évolution transpersonnelle de l'âme en traversant et maîtrisant ces plans, comme les étapes rencontrées dans le Bardo,

1. Nous n'aimons pas tellement cette terminologie même si elle est celle qui est en passe de se populariser le plus aujourd'hui, car elle véhicule un ensemble de notions proches de ce que l'on retrouve dans le Purgatoire. À savoir des notions de punition des âmes. Ce n'est pas ce qu'est le plan astral. L'âme échoue parfois dans le plan astral parce qu'elle a perdu le chemin vers elle-même, qu'elle n'arrive plus à trouver sa voie, mais ce n'est pas quelque chose issu d'un jugement qui aurait été passé. Dans ce plan astral peuvent se trouver beaucoup de choses très positives, nous aurions une vision trop manichéenne si nous affirmions le contraire.

2. Helena Blavatsky (1831 – 1891) est l'une des membres fondateurs de la Société théosophique et d'un courant ésotérique auquel elle donna le nom de « théosophie » (en grec : *theos*, divin et *sophia*, sagesse), concept antique selon lequel toutes les religions et philosophies possèdent un aspect d'une vérité plus universelle.

les « épreuves » d'un processus de transcendance. Ces sept plans sont donc décrits ainsi[1]:

- **Le plan physique**: le monde matériel: la réalité atomique (biologique), c'est le plan matériel, celui dans lequel nous vivons.
- **Le plan éthérique**: la force vitale et siège du désir sexuel (énergie « éthérique »).
- **Le plan astral**: les émotions et les sentiments.
- **Le plan mental**: les pensées, les croyances, les concepts.
- **Le plan causal**: les archétypes et les stéréotypes. Karma et Dharma. Causes existentielles. Mémoires.
- **Le plan bouddhique**: Dimension de l'âme.
- **Le plan âtmique**: Dimension de l'Esprit-Soi[2].

Nous y retrouvons bien l'ensemble des éléments présentés et décrits tout au long du Bardo Thödol. L'âme évoluant d'un plan à l'autre, affrontant les diverses manifestations qui y sont rattachées, en commençant par les archétypes des formes-pensées des plans Mental et Causal, pour essayer d'atteindre la dimension supralumineuse, la dimension de l'âme et de s'y fondre. La mise en garde issue du Bardo Thödol que nous mentionnions précédemment concernant la chute de l'âme envahie par la terreur serait donc une chute dans le plan astral.

Il ne faut pas nécessairement penser que ce plan astral est celui d'une souffrance parce que c'est l'endroit où les âmes en souffrance errent. Théoriquement, si on considère qu'elles se perdent dans leurs illusions pour ne pas faire face à leurs réalités nues et s'enfoncent dans la peur et la terreur, elles seront donc forcément rattachées à ce plan de l'émotionnel, celui qui appartient encore au domaine sensible dans cet univers imaginal. On pourrait donc le considérer comme un plan de transition où l'esprit erre tant qu'il n'arrive pas à se détacher de ses peurs, des émotions qui le rattachent à son corps.

1. Notez que les noms des 7 plans peuvent varier. Ces théories théosophiques, déjà elles-mêmes basées sur les enseignements bouddhistes et ceux d'autres religions, ont ensuite été réadaptées, réinterprétés dans différents courants de pensée dits « New Age », menant à ces variations de dénominations.

2. L'éloignement progressif de plan physique pour avancer vers la source se fait par étapes qui sont corollaires d'une augmentation progressive de l'intensité de l'expérience à mesure que l'ECC se développe et que les manifestations deviennent de plus en plus nombreuses, intenses et profondes (OBE, lumière...).

La première connaissance à acquérir pour dépasser ce plan astral selon le Bardo Thödol est la connaissance que l'on est mort (ou que l'on pense qu'on l'est certainement), y séjourneront donc les âmes qui n'ont pas fait cette réalisation. Il y a donc une notion de perdition associée à ce plan, d'errance de l'âme qui ne sait plus vers quelle lumière avancer tant elle est confuse par les illusions auxquelles elle se rattache. Comme l'esprit qui est incapable d'avancer vers le changement et qui s'enfonce peu à peu dans l'inertie et une forme de dépression dans laquelle la peur va prendre de plus en plus de place. Mais c'est aussi un plan qui sert de transition, c'est l'endroit où l'on passe lorsque l'on traverse encore la peur, et celui que l'on quitte lorsque l'on atteint le lâcher-prise, qu'on laisse derrière nous ce dernier ancrage sensible.

Dans le Bardo Thödol, il y a plusieurs passages où l'âme doit affronter différentes lumières sans se laisser envahir par la peur. Ce sont des lumières brillantes, intenses, et de différentes couleurs représentant différents principes essentiels comme les éléments : lumière rouge pour le feu, verte pour l'air, bleue, jaune pour la terre… À chaque fois, il existe aussi une lumière terne de la même couleur, représentant l'illusion qui attire l'âme qui est envahie par la peur et qui n'arrive pas à reconnaître, à atteindre la connaissance donc, sa voie et les éléments qui la constituent. Les personnes qui remplissent leurs vi(d)es avec ces illusions nourrissent cette énergie et se perdent toujours un peu plus, se tournant plus facilement vers la peur, qui engendrera la colère, puis le rejet, puis la haine de tout ce qui pourrait venir menacer ce *status quo*.

Nous retrouvons évidemment une notion similaire dans les enseignements destinés aux vivants qui existent dans une poursuite d'illusions inféodées à une conception purement matérialiste des choses. C'est ce que l'expérience de mort de l'ego doit enseigner, la capacité à vivre sa vie avec la connaissance de soi suffisante pour reconnaître ces illusions et avancer vers son essence, ce qui est réellement important. Donc l'expérience « négative » est particulièrement positive en cela qu'elle offre la première leçon la plus importante : vous êtes accroché à ces illusions et ce sont elles qui causent votre souffrance. La suite appartient au domaine du choix, comme toujours. Soit la personne décide de retrouver ses structures précédentes et continuer à vivre comme avant, soit elle décide d'agir et de faire un premier pas en acceptant le changement.

Précédemment, nous avions avancé l'idée selon laquelle la médiumnité est la faculté d'accéder au signifié supralumineux sans essayer de s'accrocher aux signifiants sensibles. De notre point de vue, le plan astral serait donc cette zone d'accès en question, celle qui se trouve à l'interface entre les deux mondes. C'est le réel point de départ d'une expérience de mort, celle que l'on traverse avant d'avancer vers la lumière, celle où l'on croise la peur et où se produit le lâcher-prise, que l'on dépasse la conscience sensible pour aller vers l'imagination agente.

Le jugement de l'âme

Nous aimerions revenir rapidement sur un élément que nous avons mentionné précédemment et sur lequel nous avions avancé une théorie quelque peu personnelle : la notion de jugement de l'âme. Cette théorie proposée, qui consistait à dire que l'âme se jugeait elle-même, hors d'un cadre purement manichéen, de punition ou de récompense, demande une explication. Déjà parce que ce n'est même pas tout à fait exact en soi ; en effet, même si elle nous permet de nous éloigner d'une conception judéo-chrétienne ou même manichéenne, elle reste malgré tout très polarisée par nature, ce qui ne serait pas le reflet d'un principe supralumineux.

Nous serions plus proche d'une notion d'une épreuve de passage, comme ceux que l'on retrouve dans les rites initiatiques. L'âme, si elle est prête à le faire, peut passer cette épreuve et avancer vers les étapes suivantes qui jalonnent son parcours vers l'Essence. Vous l'aurez bien compris, cette épreuve consiste bien évidemment à faire face à sa propre lumière, à reconnaître le Soi malgré les illusions qui peuvent le déguiser. L'âme qui passe donc en « jugement », passe simplement un test pour mesurer son évolution après son incarnation pour mesurer son avancée et si elle est à même ou pas d'avancer plus loin. Il ne s'agit donc jamais de punition, mais simplement d'une absence d'avancée possible. Lorsque l'âme (notez que je continue de parler des vivants ici, l'analogie et la double lecture fonctionnent toujours) reste bloquée dans le plan astral, qu'elle ne quitte pas la peur, c'est simplement qu'elle n'avait pas réussi à le faire de son vivant, elle ne va pas plus loin, toujours incapable de reconnaître et de faire face à sa propre essence.

Mais qu'est-ce qui peut préparer notre âme à cette épreuve ? Toujours ce cheminement vers Soi évidemment. Toutes les problématiques auxquelles nous sommes confrontés sont autant d'opportunités d'apprendre à nous découvrir un peu plus, d'évoluer vers notre Soi. Une problématique est un conflit qui existe au sein l'ego (parfois même en opposition avec le Soi), dans ses peurs causales, dans sa conception conditionnelle des liens qui l'unissent aux autres. Ce sont autant de brèches qui peuvent nous permettre de faire un choix entre une décision et une solution qui appartienne encore à l'ego ou qui avance vers le Soi. Nous ne parlons pas d'un choix polarisé, c'est-à-dire du choix qui existe au sein de la problématique elle-même « Est-ce que je dois lui pardonner ou me mettre en colère ? », « est-ce que je dois lutter ou fuir ? »... tous ces choix, étant totalement polarisés, ne feront que nourrir la problématique et renforcer l'ego. Rappelez-vous des deux faces de notre pièce, si l'on peut percevoir la face de l'ego, c'est que nous ne sommes pas dans l'amour, et donc pas dans le Soi. Lorsque nous évoquons la nécessité d'un choix, nous parlons de celui que nous devons faire entre une action sub- ou supralumineuse, de réagir ou d'agir. C'est ce qui va déterminer notre capacité à nous libérer de l'ego et à avancer vers le Soi, de choisir l'ego ou le Soi. C'est à cet instant précis, celui du lâcher-prise de l'émotionnel et de l'ego, que nous pouvons constater que la problématique n'avait même jamais existé. Que nous avions nous-même participé à sa création et entretenu sa réalité. Notre Soi est au-dessus de telles problématiques et ne peut pas être atteint par elles.

Ces avancées sont tous ces instants où l'on arrive à faire taire l'ego et que l'on agit dans le vrai respect de notre Soi, de notre essence fondamentale. Chaque réaction subluminеuse est un nouveau poids, une nouvelle illusion, une nouvelle part d'obscurité qui vient habiller notre ego et nous empêcher un peu plus de distinguer notre Soi. À l'inverse, nos véritables actions tendent vers le supralumineux, et vont nous apporter une plus grande légèreté de l'âme, du bien-être et révéler la lumière en nous. C'est certainement aussi pour cela que l'on retrouve cette notion de pesée de l'âme ou de balance lors des écrits concernant les jugements. Une âme pesante est celle qui est chargée par le poids de ses propres illusions. Notre incarnation est une chance d'apprendre à nous défaire de ces poids.

Durant cette épreuve de la lumière. L'âme qui connaît déjà sa propre lumière, reconnaîtra la lumière, et elle sera capable de s'éloigner facilement de la peur qui n'aura pas d'emprise sur elle. Ce n'est pas un jugement, mais un tri face à une épreuve à passer, l'épreuve de se faire face à soi-même, si l'ego est capable de reconnaître le Soi, d'avoir réussi à apprendre à le découvrir et le respecter dans la vie, d'avoir suffisamment pu avancer vers lui pour réussir à le reconnaître. Le sous-lumineux n'a pas la capacité d'avancer vers le supralumineux et devra rester dans cette limite du plan sensible.

Le Bardo Thödol relate de nombreuses opportunités offertes à l'âme de faire cette reconnaissance ; si durant son existence, elle n'a fait que s'éloigner d'elle-même, de chercher des illusions, elle fera de même dans la mort et s'éloignera du chemin de la lumière pour choisir celui de la peur. Repartira directement pour un nouveau cycle, une nouvelle opportunité de se connaître elle-même. C'est ce que nous faisons dans la vie, cela reflète parfaitement la manière dont nous vivons, de la richesse que nous y invitons ou pas. Cette richesse est cette relation que l'on entretient avec nous-mêmes, et cela passe par toutes nos actions et décisions.

> « La seule chose qui se dresse entre vous et votre bien-être est un fait simple : vous avez permis à vos pensées et à vos émotions de prendre leurs instructions à l'extérieur plutôt qu'à l'intérieur. »
>
> Sadhguru

Le jour où je suis mort

« La nuit dernière, j'ai absorbé la drogue, flottant rêveusement dans la vallée dorée et les bosquets ombreux ; et cette fois, quand je fus parvenu au pied de la vieille muraille, j'ai vu que la petite porte de bronze était entrouverte. D'au-delà venait une lueur qui éclairait bizarrement les arbres tordus gigantesques et les sommets des temples enfouis, et je m'y glissai en chantant, impatient des splendeurs du pays dont je ne reviendrais jamais.

Mais, comme la porte s'ouvrait plus grande encore, et que la magie de la drogue et du rêve me poussait à la franchir, je compris que spectacles et splendeurs prenaient fin ; car il n'y avait dans ce royaume ni terre ni mer, rien que le vide blanc de l'espace illimité. Aussi, plus heureux que je n'avais jamais osé l'être, je me perdis de nouveau dans l'infini primitif de l'oubli de cristal, dont le Démon de la vie m'avait rappelé pour une heure brève et désolée. »

H. P. Lovecraft, *Ex-Oblivione* (1921)

Pour cette partie, du fait du caractère personnel qui la caractérise, nous allons employer la première personne du singulier, afin qu'il n'y ait aucune ambiguïté sur le fait que cette expérience qui est décrite est bien personnelle, qu'elle ne se veut en aucun cas porter une valeur de vérité pouvant être appliquée à d'autres personnes ou d'autres expériences. C'est ici un moyen aussi de donner une idée de ce à quoi cette expérience de mort de l'ego, la petite mort de l'Ayahuasca, peut ressembler et l'impact qu'elle peut avoir sur une personne[1].

De ce fait, nous avons voulu être le plus honnête, précis et exhaustif possible, en essayant de ne négliger aucun aspect, même les moins « reluisants ». Vous constaterez qu'il reste beaucoup de zones floues dans ce récit, mais comme avec n'importe quel voyage profond dans l'imaginal, la mémoire consciente ne réussit qu'à ramener des bribes de ce qui a pu être vu ou vécu. Une reconnexion en ECC à l'Ayahuasca à des niveaux élevés (mais pas autant évidemment) permet généralement de réaccéder à d'autres parties de ces mémoires (visuels, sensations, émotions...), mais cela reste assez difficile de retrouver une vision claire et complète sans approcher à nouveau des niveaux initiaux... ce qui n'est pas forcément une bonne idée.

Le 15 février 2015, Maloca du Centre DEVAS, Misahualli

Tout d'abord, il convient que je replace quelques éléments dans le contexte qui a mené à cette nuit si particulière. Cela faisait quelques années déjà que je travaillais (indépendamment ou avec d'autres chamanes) en tant que chamane Ayahuascquero dans la région de Misahualli où je vivais, dans la région amazonienne de l'Équateur. Cela consistait principalement à recevoir des personnes ou des groupes pour des cérémonies ponctuelles ou des retraites de quelques jours durant lesquelles il pouvait y avoir 2, 3, 4 ou 5 nuits de cérémonies avec l'Ayahuasca.

1. Ce projet de livre que nous vous présentons ici est né de cette expérience. C'est aussi pour cela que nous avons choisi d'écrire ce chapitre en premier, afin d'être bien certains de ne pas être influencés par les recherches et les réflexions qui auront surgi durant la phase d'écriture du reste du livre. Il s'agit donc bien de l'événement tel que nous nous en souvenons. Brut, écrit sans réfléchir. La deuxième partie sera là pour apporter un débriefing de cette expérience à la lumière des autres chapitres du livre.

Cette nuit-là, je recevais trois personnes venues pour une cérémonie ponctuelle et il me restait encore suffisamment de préparation de Ayahuasca pour plusieurs participants, mais j'avais déjà fait une nouvelle préparation en vue d'une retraite à venir. Comme à mon habitude, je testais toujours chaque nouvelle préparation moi-même au préalable pour m'assurer qu'elle offrait un bon équilibre et qu'il ne serait pas nécessaire de revoir le dosage normalement donné aux participants, et c'était ce que j'avais l'intention de faire cette nuit-là. Les trois participants recevaient la préparation précédente, déjà largement testée, pendant que je testais moi-même la nouvelle.

Il faut bien se rendre compte qu'il n'y a pas deux plantes pareilles, ni deux modes de préparation exactement similaires, ce qui fait que l'on obtiendra toujours des préparations avec des liquides légèrement différents : certains plus épais que d'autres, plus ou moins clairs, rouge carmin, plutôt marron clair, presque noirs... et avec des odeurs et des goûts souvent différents. Alors, il est impossible de savoir si l'on a commis une erreur dans une préparation sans la tester, et c'est pourquoi j'avais toujours mis un point d'honneur à ne jamais donner une préparation non testée à des patients, simple principe de précaution.

Et effectivement, cette nouvelle préparation ne paraissait pas différente des autres faites précédemment, d'autant qu'elle avait été faite avec les mêmes plantes que la précédente, même si beaucoup d'autres facteurs concourent à déterminer la puissance d'un breuvage de Ayahuasca, j'y reviendrais ensuite. Comme pour toute cérémonie, un ensemble de rituels de nettoyage énergétique des personnes et du lieu sont observés, ainsi que des rituels menant à la prise du breuvage par chaque personne, puis enfin par moi-même. Ces rituels accomplis, nous éteignons les bougies pour plonger la Maloca dans le noir (spécialement obscure lors de nuits où la lune n'est pas levée ou couverte comme c'était le cas ce soir-là) afin de mieux permettre à chacun de plonger dans son espace intérieur sans gênes extérieures. Chaque personne était installée sur l'un des matelas de la Maloca pour être confortable et attendre que la plante commence à faire effet. En moyenne, il faut compter environ 45 minutes pour qu'une personne commence à sentir ces premiers effets : sensations dans le corps, visions, nausées... pour certaines personnes ça sera un peu plus rapide et plus long pour d'autres. D'une manière générale, on pourrait dire que cela prend entre 20 et 90 minutes.

Ce soir-là, alors que je m'asseyais juste pour m'installer et commencer le travail de la soirée, j'ai été envahi par les premières sensations alors que cela faisait moins de dix minutes depuis le moment où j'avais ingéré le breuvage. Sur le moment j'avais été étonné par une telle rapidité, mais je savais que c'était quelque chose de possible. Très rare, mais possible[1]. En revanche, ce qui m'a interpellé, puis rapidement inquiété, c'est l'intensité de ces sensations en si peu de temps, et la vitesse à laquelle elles s'intensifiaient. Normalement, une montée de Ayahuasca peut être une pente assez raide et qui se parcourt rapidement, mais jamais dans de telles proportions. Avec mon expérience, il ne m'aura fallu que quelques minutes de plus (difficile à estimer dans une telle situation) pour comprendre que quelque chose n'allait pas... pas du tout. Il ne s'agissait que du tout début de la montée et les intensités étaient déjà écrasantes, pire, avec l'expérience que j'avais déjà accumulée après ces années de pratique, j'étais à même de sentir et de jauger ce qui se trouvait encore à venir... et c'est là que la panique a commencé à m'envahir. Rétrospectivement, si je devais faire une détermination, je dirais que je n'étais pas dans une peur de la mort de l'ego à cet instant, mais déjà dans une peur de l'extinction, c'était le moment où j'ai commencé à me sentir vraiment en danger.

Il m'a fallu toute la force de mon entraînement pour essayer, avec un succès mitigé, de contrôler cette terreur qui montait par vague et qui menaçait de me faire perdre pied à chaque instant. J'ai pris parti de garder le silence pour ne pas alarmer les personnes présentes et je me suis allongé pour essayer d'essuyer la tempête du mieux que je le pouvais ; plus par habitude des expériences de ces fortes « tempêtes » passées, mais je n'arrivais plus même à me dire que comme toujours cela finirait par redescendre et que je n'avais qu'à serrer les dents en attendant. Mais je m'entendais et me sentais hurler intérieurement alors que l'intensité continuait de monter dans un chaos absolu, désorganisé, sans lien et trop rapide. Jamais je n'avais eu à faire face à une telle force, je n'arrivais même plus à bouger mon corps allongé, mon espace visuel et auditif était tellement assailli par les visions qu'il n'existait plus rien à l'extérieur de mon corps, et à mesure que l'intensité montait, la peur montait avec et les pensées devenaient confuses et

1. La plupart du temps, ce qui peut causer une telle rapidité est l'ajout de Datura dans la préparation du breuvage de Ayahuasca (pratique à laquelle je me suis toujours opposé compte tenu du danger inhérent à l'utilisation de cette plante), mais comme nous le mentionnions plus tôt, l'absorption de certains aliments peut accélérer la venue des effets.

désordonnées. Dans un éclair, j'ai réussi à me raccrocher à une pensée, un conseil que j'avais reçu et prodigué de nombreuses fois : lâcher pour se laisser porter par le flot, plus ne plus subir la force du courant, il fallait se laisser emporter. Je me suis senti prendre une inspiration, et à l'expire, j'ai pu lâcher ces amarres mentales. l'Ayahuasca m'a alors emporté, à une vitesse vertigineuse, de plus en plus rapidement, comme arraché et tiré vers le haut. L'espace d'une fraction de seconde je me suis vu allongé sur le matelas, et l'instant d'après j'étais déjà loin, si loin. La peur ne m'avait pas lâchée, mais je la sentais diminuer à mesure que je m'éloignais et que l'intensité continuait d'augmenter. Avec la réalisation que quelque chose de très grave était en train de se dérouler, je commençais à prendre conscience que j'étais peut-être en train de mourir, que mon corps ou mon cerveau n'allaient pas pouvoir résister longtemps à cette force et ce traitement. Les visions commençaient à se construire de plus en plus clairement même si les couleurs restaient très sombres, et je commençais à voir une lumière blanche, incroyablement claire, vers laquelle j'avançais toujours plus vite et qui devenait de plus en plus forte.

Et ce qui devait arriver arriva : je suis mort. Je ne saurais pas dire ce qui a pu se passer dans mon corps ni même s'il a cessé un instant de respirer ou le cœur de battre, mais mon esprit a reçu cette conviction absolue : je suis mort. C'était la chose la plus simple et la plus claire qui soit, pas un doute, rien, j'étais passé d'un état à l'autre, comme ça, en l'espace d'un instant. Je sentais toujours mon esprit écrasé par l'intensité de l'expérience et quelques pensées qui se faisaient encore entendre, mais de mon corps, il n'y avait plus rien. J'ai pensé à ma femme et mes enfants ; inutile de dire que je n'étais pas fier de moi à me retrouver là et à devoir les laisser, mais même ces pensées finirent par se dissoudre jusqu'à ce qu'il n'y ait plus rien. Rien à l'intérieur, juste ce mouvement qui m'entraînait toujours plus loin, toujours plus vite. Rien à l'intérieur, plus même la force d'une pensée ou d'une émotion. Plus de sensations, mon corps n'était plus là et mon esprit trop proche du vide. Quelque part dans cette partie du voyage, il a eu une autre reddition de ma part, peut-être une acceptation : *après tout qu'est-ce que je pouvais y faire ?* Ma conscience n'existait plus, il n'y avait plus que mon imagination agente, ma perception imaginale que je connaissais bien pour avoir voyagé tant de fois dans l'imaginal avec elle, mais de ma conscience, il n'y avait aucune trace que je pouvais encore sentir.

Normalement, même durant les cérémonies les plus puissantes, elle restait là, comme suspendue dans une petite bulle ballottée, observatrice de loin, mais je la sentais… mais là, rien, plus rien. C'était comme avoir perdu un ancrage, celui qu'on nous entraîne à conserver en toutes circonstances, celui qui nous permet de retrouver notre chemin, de ne pas nous perdre. Je pense que c'est d'avoir perdu cet ancrage qui a permis ou causé ce nouveau lâcher-prise, cette nouvelle capitulation ou acceptation. J'étais mort.

Je ne sais pas combien de temps cette partie du voyage a duré, mais j'ai fini par arriver dans un endroit étrange, sombre. Je flottais au-dessus d'une terre noire ceinturée de hautes montagnes abruptes, dans un ciel où un orange terne et un noir profond se mélangeaient. Je pouvais voir ce qu'il y avait sur cette terre sous moi, toute cette souffrance qui y était prisonnière, toutes ces voix qui criaient leur douleur et leur désespoir jusqu'à ce que cette douleur et ce désespoir puissent être ressentis jusqu'à mon esprit qui flottait pourtant loin au-dessus. J'ai perçu de nombreuses choses dans cet espace sombre, peut-être sans savoir ce que c'était exactement, ou parce que je ne m'en rappelle plus aujourd'hui, mais il y avait des choses familières, d'autres complètement inconnues et étrangères. Même si ma progression était plus lente, je continuais d'avancer. Je n'ai pas souvenir de quand ou comment j'ai fini par quitter cet endroit, je me rappelle avoir traversé d'autres espaces, mais je suis incapable de me remémorer à quoi ils pouvaient ressembler, ni même ce que j'ai pu y voir ou ressentir.

Aujourd'hui, j'ai l'impression que mon esprit s'était éveillé à nouveau dans un nouvel espace, fait d'une lumière pure, magnifique, enveloppante. Si je devais donner une image, de cet endroit, j'ai le souvenir d'être en train de flotter, comme en orbite autour d'une immense sphère, comme une planète, toute faite de lumière dont la surface était comme celle d'un cerveau ; un ensemble de circonvolutions de lumière blanche et dorée. Toujours en orbite, je flottais au-dessus de cette surface en continuant à avancer doucement. J'étais dans un bien-être qui était plus lié à une absence de sensation, je me sentais juste être, à flotter, comme si je faisais partie de l'air dans lequel je flottais. J'ai eu la sensation de rester ainsi pendant très longtemps, sans rien attendre. Cela est resté comme cela jusqu'à ce que j'aperçoive un immense portail de pierre qui flottait au loin et dont je me rapprochais lentement. Lorsque je parvins à une distance plus proche de ce portail d'où je pouvais réussir à l'observer en détail, j'ai pu constater qu'il était fermé par d'énormes portes de pierre, scellées. À l'instant où je fis cette constatation, une voix tonitruante, gigantesque et qui semblait venir d'absolument partout autour de moi retentit. De nombreuses fois j'ai essayé de me remémorer les mots exacts de cette pensée que j'ai reçue, car ce ne sont pas des mots que j'entendais avec cette voix, mais une pensée. Pour faire simple, la seule chose qui me reste de cet instant est l'idée que ce n'était pas le moment pour moi et que je ne devais pas revenir tout de suite. À l'instant où cette pensée s'est exprimée, j'ai été happé à nouveau et lancé en sens inverse, comme une balle de fusil, infiniment plus vite encore que lors du voyage aller.

En quelques secondes, je me redressais sur mon lit en prenant une gigantesque inspiration et je me reconnectais quelque peu à ma conscience, envahi d'une joie et d'une félicité profonde et absolue. C'était un feu d'artifice de visions, des explosions de couleurs comme jamais je n'en avais eu auparavant. Les visions étaient toujours écrasantes d'intensité, mais je n'étais plus en danger, et je n'étais plus mort, et tout explosait en moi. Je n'avais pas encore récupéré suffisamment mon esprit conscient pour agir de manière délibérée, mais les chants sont sortis de ma bouche et ont recommencé à moduler les énergies. Si je compte environ une trentaine de minutes après ce retour, moment où j'ai eu la présence d'esprit de regarder ma montre, cette expérience de mort aura duré à peine 40 minutes. Évidemment j'étais très loin de l'impression que j'avais eue durant le voyage en lui-même (j'aurais donné une estimation de quelques heures au moins) mais le temps est très relatif en temps normal lorsque l'on fait une expérience chamanique avec l'Ayahuasca, et j'imagine que cette relativité devait être accrue dans une telle situation.

Encore une fois, je ne sais pas comment mon corps a vécu cette expérience, outre le fait qu'il était totalement exsangue après coup et qu'il m'aura fallu beaucoup de temps avant de pouvoir me lever à nouveau, mais mon esprit était mort, l'espace d'un moment. J'ai pu passer le reste de la nuit normalement à m'occuper des patients présents et qui ne s'étaient rendu compte de rien et pour qui tout se passait à merveille (fort heureusement d'ailleurs, car j'aurais été bien en peine de les assister durant cette heure de voyage).

Cette réalisation d'avoir été mort n'a pu pleinement être absorbée que lorsque j'ai pu reprendre conscience en fin de cérémonie. Avec de telles intensités, je devais être tellement saturé de sérotonine que j'étais encore dans un état de félicité complète. Cependant, lorsque ces taux sont redescendus le lendemain, mon corps et mon esprit étaient vidés, exsangues est effectivement le bon terme, mais le stress qui avait été ressenti durant cette expérience, cette terreur qui m'avait habité, particulièrement durant la première phase de l'expérience, m'avait laissé comme dans un état d'anéantissement complet. Mon esprit n'arrivait pas à rejoindre les tenants et les aboutissants de cette expérience, ce qui s'était vraiment passé. J'ai compris plus tard que c'était circuit thalamo-cortico-amygdalien qui était pris à tourner en boucle sans pouvoir gérer les informations entre les différentes instances de régulation tant il était alimenté par une production accrue de cortisol. Mon corps ne comprenait pas encore cette expérience et mon esprit raisonnable n'arrivait pas non plus à fournir d'explication, il ne pouvait pas analyser quelque chose qu'il comprenait aussi peu. Le résultat ? Deux jours à ne pas pouvoir gérer mon émotionnel qui est resté sur des montagnes russes, une immense dépression, très brève, jusqu'à ce que tout rentre en ordre.

Dans le cas présent, « rentrer dans l'ordre » ne faisait pas référence à un simple rééquilibrage biochimique, ce qui provoquait cette crise était la sensation de ne plus me reconnaître, de ne plus me comprendre. Toutes mes structures avaient volé en éclat, et je ne parle pas seulement de mes convictions ou de mes croyances, j'avais l'impression d'être passé par une refonte complète et il m'a fallu deux jours avant de commencer à retrouver mes marques et mes repères. Tout ce que je voyais ou ressentais paraissait différent, avec une autre saveur, une autre intensité. Pendant ces deux jours, il a fallu que je fasse très attention à ne pas être agressé par le moindre stimulus pénible (donc évidemment pas de télévision), tout message délétère était vécu dans la douleur. Bref, j'avais la vulnérabilité d'un papillon qui émerge d'une chrysalide d'une certaine manière.

Ce n'est qu'après cela que j'ai compris ce qui avait pu se passer avec ce breuvage. Alors que je récoltais les plantes nécessaires à la préparation du breuvage de Ayahuasca, j'avais demandé à une des personnes qui travaillait avec moi de prendre la balance à main (celle que l'on tient dans une main et qui a un crochet en dessous pour y suspendre un sac que l'on veut peser) et d'aller peser la liane que l'on avait coupée pour savoir quel poids il y avait exactement.

La recette était déterminée en fonction de ce poids initial. Ce que je n'avais pas remarqué, et que la personne n'avait pas vu non plus, c'est que la balance n'avait pas été remise à « 0 », elle affichait une tare qui se trouvait à -2 kg environ. Ma recette s'est préparée sur la base d'un excès de 50 % de liane de Ayahuasca. Cela pourrait paraître anodin, mais il s'agit là de préparation dont la concentration finale est très élevée et dont les effets ont tendance à se démultiplier et pas à s'additionner. Si je devais donner une estimation de la dose que j'avais ingérée ce soir-là, je dirais qu'elle se situait dans un ordre de grandeur d'environ huit fois une dose normale, sachant qu'une dose normale est déjà très forte, permettant de faire un voyage d'une nuit entière.

Une bonne nouvelle était de savoir que l'on ne meurt pas (vraiment) d'une overdose massive de Ayahuasca, j'avais beau le savoir avant, il n'y a rien de mieux que l'expérimentation *in vivo* pour s'en faire une idée claire. Contrairement à ce que beaucoup auraient pu imaginer, j'ai conservé précieusement cette préparation (que je n'aurais surtout pas donnée à qui que ce soit d'autre compte tenu du danger qu'elle pouvait représenter), mais j'ai rapidement planifié une nouvelle cérémonie avec celle-ci, seul cette fois-ci, en déterminant une dose très nettement inférieure. En diminuant suffisamment la dose, il devenait possible d'utiliser cette préparation sans risque d'atteindre les niveaux les plus hauts de l'expérience... il fallait que je comprenne, d'une position plus sécure, ce qui avait pu se passer réellement, et pour ce faire, il fallait que je puisse avoir accès à des zones suffisamment proches pour réatteindre les mémoires de ce fameux soir.

J'ai refait deux voyages avec cette préparation, tous deux d'une intensité incroyable, générant toujours énormément de peur, mais à laquelle je m'attendais. Même si j'arrivais à atteindre des sphères très élevées, mon émotionnel refermait ces accès et rendait l'expérience trop pénible. Je me suis donc décidé à enterrer cette bouteille dans la forêt, je ne pouvais me résoudre à jeter un tel breuvage, mais j'étais convaincu que je ne pourrais rien atteindre de positif en l'utilisant, je ne pouvais plus risquer d'essayer de m'approcher de ces zones à nouveau, pas avant bien longtemps.

Il m'aura fallu... des années pour arriver à me défaire de ce que beaucoup de chamanes appellent la « peur de l'Ayahuasca » et qui se matérialise par une peur panique inexpliquée qui survient alors que l'on approche de ce plafond que l'on a crevé et par lequel on ne doit plus repasser avant d'être à nouveau prêt. Cela se présente sous la forme d'une interdiction formelle et assez violente de passer au-delà de certaines intensités. J'ai toujours pensé que c'était parce que mon cerveau connaissait trop bien le chemin à présent et qu'il me fallait reconstruire cette frontière, comme je devais reconstruire mes propres structures avant de pouvoir prétendre à m'approcher. Il m'a fallu donc refaire un apprentissage complet et long, respecter cet interdit en attendant qu'il se lève et que je sois à nouveau admis dans ces espaces. Cela a pris du temps, mais j'y suis parvenu à ma plus grande joie et fierté, et ces enseignements sont certainement les plus précieux que j'ai en moi aujourd'hui.

Quand j'étais allé rendre visite à un ami chamane après cette première expérience pour en discuter avec lui, un vieux Yachak de 75 ans qui a été chamane toute sa vie, il m'a simplement dit : « ah ça y est tu es mort, c'est bien. C'est normal, c'est un passage obligé, on y passe tous pour pouvoir avancer et comprendre, certains plusieurs fois même ». C'est en réalité cela que l'on appelle la « petite mort de l'Ayahuasca », les autres expériences que j'avais pu faire avant et qui s'approchaient d'une mort de l'ego étaient très impressionnantes et très enrichissantes, mais elles n'étaient là que pour me préparer à la vraie mort de l'Ayahuasca, à cette nuit qui a changé tant de choses.

Ce changement de vision dont j'avais parlé et que j'avais ressenti dès le lendemain, c'est un changement profond de paradigme. Le monde n'est plus le même, on le voit et on le comprend différemment, mais surtout, depuis cet instant, la mort n'est plus une fatalité ni même une fin, c'est juste un passage entre deux états. Le simple fait d'avoir senti l'existence et une réalité de cet autre côté de la frontière, tout en ayant parfaitement conscience que cette réalité peut être la vacuité absolue de l'unité, est un bouleversement en soi. Ce n'est pas certainement le moment le plus agréable de la vie, mais ce n'est pas non plus quelque chose de définitif et dramatique... (sauf si l'on doit faire partie des âmes qui se trouvent coincées dans cet espace terrifiant) alors on tend à vivre sa vie pour s'assurer que l'on va pouvoir continuer à le survoler tranquillement, sans avoir à s'y arrêter. Quelques mois après cette première nuit, j'avais vu le film brésilien « *Nosso lar* ». Je ne sais plus comment nous avions été amenés à entendre parler de ce film, mais reste qu'une grande partie de mon expérience y était dépeinte, au point de ranimer certaines de mes peurs de cette nuit-là, de cet espace orange sombre.

Encore une fois, il s'agit ici d'une expérience personnelle, et ce film ne résonnera peut-être qu'avec moi, je ne sais pas si d'autres personnes ayant vécu une expérience comme celle-ci auront le même ressenti en le voyant, mais cette représentation donnée par ce médium brésilien, Chico, m'a toujours laissé une impression de quelque chose proche d'une révélation, comme une vérité dévoilée et mise en images.

Fig.15: Image tirée du film Nosso Lar, « La Porte »
(®Jupiter Films – Nosso Lar, Notre Demeur: DVD & VOD du film disponible sur le site Jupiter-Films.com)

Décortiquons

Reprenons à présent notre « nous » littéraire pour analyser cette expérience personnelle en comparaison avec ce que l'on peut trouver dans les récits de NDE ou de petite mort d'autres personnes. Après tout, soyons parfaitement honnête, écrire un livre sur un tel sujet est quelque chose de profondément thérapeutique, c'est une quête de compréhension, une tentative d'apporter des réponses à un ensemble de questions dans le but de transcender ce chapitre important d'une vie. C'est aussi pour cette raison que nous l'avons écrit avant tout le reste du livre, pour être certain que nous ne pourrions pas influencer ce récit avec les recherches et les réalisations nées de ce travail.

Tout d'abord, nous pouvons décortiquer tout ce qui a trait aux éléments caractéristiques d'une petite mort, et même d'une NDE caractérisée. Effectivement, cette certitude d'être mort a été un point charnière de l'expérience, celui qui l'a transformée totalement. Son absolue clarté et son intensité (et quelle intensité !) ont été en elles-mêmes une source de changement qui nous affecte encore aujourd'hui. Au-delà de cet élément, on y retrouve toutes les étapes et les symptômes que nous avons décrits jusqu'à maintenant et même certains que l'on retrouve dans le livre des morts. Premièrement, cette peur, si brutale et qui continue de monter et d'envahir l'esprit et le corps jusqu'à se transformer en terreur… nous n'avons pas souvenir d'avoir ressenti quelque chose d'aussi… effrayant. C'était absolu, écrasant, effectivement, nous étions bien dans le présent à cet instant, rien d'autre n'aurait pu nous distraire de ce moment. Nous pensons, rétrospectivement, que c'est cette peur qui a été à la base de cette certitude de mort. À mesure que la sensation augmentait, l'idée d'un danger grave faisait jour, un danger alimentant à son tour une peur de l'extinction et menant à une synchronicité subjective (mais sans appel, donc vécue de manière très objective) lors du déclenchement ensuite du mouvement, de la vision de la lumière et de l'éloignement du corps.

Dans cette expérience, le lâcher-prise a été vécu comme une reddition, un abandon face à un constat d'impuissance. Nous sommes presque convaincus qu'elle n'a été possible que grâce à une solide expérience que nous avions accumulée, mais même avec cela, ça n'a pas été une mince affaire. C'est parce que nous avions conscience qu'il n'y avait rien à faire que la conscience a pu justement lâcher. Et effectivement, cet instant a été le point de départ véritable de l'expérience, celui où elle a changé radicalement, sur cet instant de décision. Sont ensuite venus, ce mouvement vertical de plus en plus rapide, cette vision du corps du dessus et la vision d'une lumière vers laquelle nous avancions, ces trois éléments, suivant cette peur initiale de l'extinction forgeant la certitude de la mort. Du moment de cette certitude, nous avions perdu l'ancrage de la conscience. Il faut savoir que durant les cérémonies de Ayahuasca, cet ancrage, si réduit soit-il est ce qui permet de toujours s'orienter et de comprendre sa position entre les différents modes de perception. Même lorsque les cérémonies sont d'une très forte intensité, cet ancrage reste présent, perceptible, et il est toujours possible de le retrouver pour trouver un point d'accroche. Mais là, plus rien, nous ne pouvions plus sentir que l'imagination agente, sans ancrage à la réalité « normale », toutes les pensées étaient dissoutes instantanément et tombaient dans une impression de vacuité totale.

Ce passage dans cette plaine sombre et orangée, dans ce qui finalement était le plan astral, était comme une zone que l'on traverse normalement, quelque chose sur le chemin habituel. Nous avons de grandes difficultés à nous remémorer plus que certains détails, il ne reste vraiment que des sensations et des impressions de ce passage (pas les plus agréables). Certainement que la perte de l'ancrage conscient avait aussi marqué la perte de la perception consciente et de la capacité à mémoriser les choses en fonction de leurs signifiants. Il n'y avait plus que du signifié. Comme nous l'avons laissé entendre dans le récit, il y a beaucoup de trous dans ce retour d'expérience, des passages entiers semblent n'avoir pas pu atteindre la mémoire (même la mémoire normalement accessible lorsque l'on est en ECC intense). Il n'y a plus ensuite que cet épisode de flottement dans un espace de lumière, dans le calme et le silence, jusqu'à ce portail fermé.

Cette sensation d'anéantissement, écrasé par nos propres émotions a été brève, mais très intense, paralysante. Cela a été le temps de l'intégration, ou en tout cas d'un début d'intégration, pour avancer vers une reconstruction. Dans ces moments, deux jours en l'occurrence, il y a une perte totale de repères, nous aurions été incapable de prendre la moindre décision ou de faire quoi que ce soit de construit et d'élaboré. Nous avions l'esprit qui n'avait pas encore totalement quitté l'expérience. La première chose qui est difficile à accepter, est cet instant de certitude d'être mort, on ne peut s'empêcher a posteriori de revenir sur tout ce que cet instant aurait impliqué dans la vie des personnes qui nous sont chères. C'est aussi le moment où l'on prend conscience de toutes les choses qui sont importantes dans la vie ; vraiment importantes. Et c'est la première prise de conscience : on n'est pas mort ! Avant toute notion de remaniement identificatoire, il y a cette impression qu'il vient de se creuser un gouffre entre tout ce qui est important et tout ce qui est secondaire. On n'est pas mort, et l'importance que l'on attribuait auparavant à ces éléments secondaires, devient comme une insulte, une souillure : comment a-t-on pu perdre du temps avec de telles choses, leur accorder de l'énergie et même des soucis ?

Les répercussions de ces premiers moments, de ces premières réalisations, se propagent loin ; des mois, des années après, même si elles ont perdu de l'intensité qu'elles avaient sur le moment, elles n'ont pas perdu leur signifié profond, celui qui a marqué le corps au fer rouge. Des années se sont écoulées, et des révélations en lien avec cette nuit-là continuent de faire surface, à leur rythme, en fonction de nos propres avancées et compréhensions. Lorsque l'on a fait un premier pas, c'est un chemin que l'on devra suivre tout au long de sa vie.

Le cheminement vers soi, une préparation à la vie... une renaissance

Dans tous les textes, la résurrection représente la possibilité de la transformation de l'être, la révélation du divin au cœur de l'être humain. Mais pour atteindre cette renaissance, il faut que l'on soit prêt à mourir à notre ancienne vie. Ce n'est donc pas tant notre ego que nous devons transcender pour atteindre cet état, mais nous devons transcender notre peur essentielle, celle pour laquelle l'ego serait prêt à faire n'importe quoi. C'est cette peur qui nous détourne de la vraie lumière vers des illusions qui tentent désespérément d'apaiser cette peur, parce que si on lui fait face, nous avons une chance de mourir.

La vie est une préparation à mourir correctement, et la mort existe pour nous rappeler de vivre pleinement. Elle ne doit pas être crainte comme une finalité, ni comme une fatalité, c'est justement ce qui viendrait alimenter la peur et nous empêcher de vivre, elle est là pour nous apprendre à vivre. Dans notre incarnation sous-lumineuse actuelle, nous ne sommes pas encore des êtres de cinquième dimension, des êtres de lumière baignés dans la matrice, communiquant uniquement par signifiés, nous ne vivons pas dans cette cinquième ère de l'évolution. Nous vivons dans un bardo, un état intermédiaire, et tout ce que nous faisons détermine le chemin que cette évolution va suivre.

L'apprentissage de l'expérience de la mort, cette mécanique du changement, est la clef de cette évolution. Chaque jour, de plus en plus de personnes font ce choix, consciemment ou pas, celui d'avancer d'un pas, seuls ou accompagnés. Chacun de ces pas vient alimenter cette volonté d'avancement de l'espèce tout entière. C'est vrai que l'on pourrait choisir de voir tout ce qui ne va pas, de se laisser envahir par les illusions, les dangers que l'on crée ou qui sont créés pour nous conforter dans l'idée que l'inertie est la seule solution, mais cela reviendrait à alimenter la peur et à nous éloigner d'une tendance évolutive désirable. Peu importe ce qui se passe dans le monde ou dans la vie des personnes autour, l'important est d'avancer d'un pas, de prêcher par l'exemple, de devenir une personne qui marche et qui peut inspirer d'autres personnes à marcher.

Un jour, suffisamment de personnes seront en marche, un jour peut-être proche ou lointain, ce n'est pas important. Ce jour-là, les illusions n'auront plus autant d'attrait et la peur ne sera plus aussi effrayante. Alors ce jour, nous aurons évolué en tant qu'espèce. En attendant ce jour, c'est notre responsabilité à chacun de faire notre part, et de faire face à la peur, comme une amie qui nous aide à franchir ce premier pas.

Le questionnement est souvent un excellent moyen d'amener à faire ce premier pas. Est-ce que ce que je prétends être, face aux autres et moi-même, est vraiment qui je suis ou est-ce faux ? Est-ce que mes relations sont le reflet de l'amour que je donne ou d'un besoin d'être aimé, vu, reconnu ? Est-ce que mes désirs, mes aspirations, mes besoins, mes envies existent pour nourrir mon être ou pour remplir un vide ? Ces questions, et bien d'autres encore que nous avons soulevées au fil de ces pages, sont là pour donner une forme à ce que l'on essaye trop souvent de ne surtout pas voir. Ce que nous croyons être n'est souvent qu'une personnalité bâtie sur nos peurs, nos souffrances passées, nos attachements et l'ignorance de notre vraie nature. On se lie aux autres pour recevoir, pour satisfaire nos besoins primaires et apaiser nos peurs primaires ; recevoir de l'amour sous forme de reconnaissance, recevoir des objets, des idées, des vérités... tout ce dont nous avons besoin pour construire cette personnalité au lieu d'essayer de nourrir notre individualité, d'être nous-même. Nous créons tout cela et dépensons tout ce temps et toute cette énergie, juste pour ne pas risquer de ressentir la vacuité de notre être, là où pourtant le silence de l'Essence règne, l'Essence de notre être, l'Essence du tout et de l'unité.

Un pas. Un premier pas pour nous éloigner des illusions et de la frénésie. Un pas pour commencer à réaliser que le vide et la dissolution de la personnalité se trouvent justement dans ces illusions, que le vide n'existe que lorsque nous essayons de le remplir. Un pas pour commencer à apprendre à mourir, embrasser la mort comme une amie, un maître qui peut enfin nous apprendre à vivre. Rien ne doit être un obstacle ou une difficulté, cette mort de l'ego, même en commençant avec les structures les plus anodines, peut se faire sans avoir besoin d'autres ressources que celles que l'on trouve en nous. Seul compte le moment où vous prendrez la décision de faire ce pas. Un premier ou un de plus... c'est comme cela que l'on apprend à marcher vers Soi.

« La mort est une blague cosmique,
si vous la comprenez,
tomber de l'autre côté sera merveilleux. »

Sadhguru

ANNEXE I

L'enseignement du Bardo Thödol

Ces principes viennent résumer l'enseignement sur lequel le Bardo Thödol se base, afin d'en permettre une meilleure compréhension :

- Que toutes les conditions possibles, états ou royaumes d'existence *sangsārique* : cieux, enfers et mondes, sont entièrement dépendants des phénomènes, en d'autres mots ne sont rien que des phénomènes.
- Que tous phénomènes sont transitoires, illusoires, irréels, non existants, sauf dans l'esprit *sangsārique* qui les perçoit. Qu'il n'y a en réalité aucun être nulle part, tel que : dieux, démons, esprits, créatures animées, tous étant semblablement des phénomènes dépendants d'une cause.
- Que cette cause est un appel, une soif de la sensation de l'existence *sangsārique* instable.
- Que tant que l'Illumination ne dominera pas cette cause, la mort suivra la naissance et la naissance la mort, incessamment, ainsi que le sage Socrate le croyait.
- Que l'existence après la mort n'est qu'une continuation, sous des conditions changées, de l'existence née du phénomène dans le monde humain. Ces deux états étant également karmiques.
- Que la nature de l'existence intervenant entre la mort et la renaissance dans ce monde ou tout autre, est déterminée par les actions antécédentes.
- Que psychologiquement parlant, c'est un état semblable à l'état de rêve prolongé dans ce que l'on pourrait appeler la quatrième

dimension de l'espace, rempli de visions hallucinantes résultant directement du contenu mental de celui qui les perçoit heureuses et célestes, si le karma est bon, misérables et infernales si le karma est mauvais.

- Que tant que l'Illumination n'est pas atteinte, la renaissance est inévitable dans le monde humain, soit directement venant du Bardo, soit de tout autre monde, paradis ou enfer, suivant la direction donnée par karma.
- Que l'Illumination résulte de la réalisation de l'irréalité du *Sangsāra* ou existence.
- Qu'une telle réalisation est possible soit dans le monde humain, soit au moment très important de la mort terrestre, soit après la mort dans l'état du Bardo ou dans certains des royaumes non humains.
- Que l'entraînement en yoga le contrôle du processus de la pensée, de façon à être capable de concentrer son esprit en un effort pour atteindre le savoir juste, est essentiel.
- Qu'un tel entraînement est mieux obtenu avec l'aide d'un guru ou maître humain.
- Que le plus grand des gurus connus de l'humanité en ce cycle de temps est Gautama le Bouddha.
- Que sa doctrine n'est pas unique, mais est la même que celle qui fut proclamée dans le monde humain : pour atteindre la libération, pour la délivrance du cercle de renaissance et de mort, pour traverser l'océan du *Sangsāra*, pour la réalisation du *Nirvāna*, depuis des temps immémoriaux par une longue et illustre dynastie de Bouddhas qui furent les prédécesseurs de Gautama.
- Que des êtres moins spirituellement illuminés, Bodhisattvas et gurus dans ce monde ou d'autres, bien qu'ils ne soient pas absolument libérés du filet de l'illusion, peuvent cependant répandre la grâce divine et la force sur le *shishya* (le chela ou disciple) qui est moins avancé qu'eux-mêmes sur le sentier.
- Que le but est, et ne peut être, que l'émancipation du *Sangsāra*.
- Que *Nirvāna* est non *sangsārique* étant au-delà de tous paradis, enfers et mondes.
- Que c'est la fin de la douleur.
- Que c'est la réalité[1].

1. Extrait de *Bardo Thödol – Le livre des morts tibétain ou les expériences d'après la mort dans le plan du bardo*, suivant la version anglaise du Lama Kazi Dawa Samdup.

Celui qui réalisa le *Nirvāna*, le Bouddha Gautama lui-même, en a parlé ainsi à ses disciples :

> « Il y a, Disciples, un royaume sans terre, sans eau, sans feu, sans air. Ce n'est pas l'espace infini, ni la pensée infinie, ni le néant, ni l'idée ou l'absence d'idée. Ni ce monde ni autre chose. Je ne l'appelle ni une venue, ni un départ, ni une attitude fixe, ni la mort, ni la naissance. C'est sans progrès, sans station, c'est la fin de la douleur.
>
> Pour ce qui se cramponne à quelque chose d'autre, la chute vient ; mais à ce qui ne se cramponne pas, nulle chute n'arrive. Où il n'est pas de chute, est le repos, et où est le repos, il n'est pas de désir aiguisé. Là où il n'est pas de désir aiguisé, rien ne va ni ne vient, et où rien ne va ni ne vient, il n'est ni mort, ni naissance. Où il n'est ni mort ni naissance, il n'y a non plus ni ce monde, ni cela, ni rien entre, c'est la fin de la douleur.
>
> Il y a, ô Disciples, un non devenu, non né, non créé, non formé ; s'il n'y avait pas ce non devenu, non né, non créé, non formé, il n'y aurait pas de sortie possible pour ce qui est devenu, né, créé et formé ; mais puisqu'il y a un non devenu ; non né, non créé, non formé, ainsi peut s'échapper ce qui est devenu, né, créé et formé. »

ANNEXE II

Anapanasati, méditation de la mort de l'Ego

Comme nous l'avons largement vu, il existe de nombreuses manières d'atteindre la mort de l'ego afin de pouvoir se délaisser d'anciennes structures de l'ego qui peuvent nous peser et nous empêcher d'être nous-mêmes. Certaines de ces manières impliquent des circonstances assez dramatiques ou même dommageables pour le corps, d'autres impliquent une aide extérieure par le biais de rituels sacrés ou de plantes sacrées, mais tout le monde n'a pas forcément la possibilité de voyager des semaines durant au cœur de l'Amazonie. En prenant soin de ne pas rentrer dans l'ego en cherchant à détruire celui-ci, il est possible d'utiliser une technique de méditation ancestrale qui permet de tendre vers ce changement d'état. Comme toutes les techniques méditatives, il s'agit d'une pratique que l'on peut mettre en place au quotidien, et en aucun cas d'un moyen de provoquer un changement d'état.

Une méditation est une communication avec soi-même, d'abord avec son corps, puis avec son esprit, son ego et peu à peu avec son Soi. Il est d'ailleurs assez rare de trouver le calme et la sérénité dans les premiers temps, trop de choses parlent en nous, ne serait-ce que notre corps qui n'est pas toujours confortable, qui nous font ressentir les différentes postures, les muscles ankylosés... Tous ces inconforts disparaîtront avec le temps, ils feront partie intégrante d'un processus qui vous sera de plus en plus familier.

Il est dit que Siddhârta Gautama aurait atteint l'illumination en faisant cette méditation, mais ce n'est pas pour cela qu'il faut croire que seul Buddha peut réussir à atteindre la mort de l'ego par ce biais; depuis son époque, des millions de personnes ont pu atteindre ces expériences, même si, peut-être dans un souci de démystification, on ne parle plus tellement d'illumination mais d'expérience de mort de l'ego. C'est une pratique qui doit être régulière, voire quotidienne, comme un entraînement sportif presque, pour que vous parveniez à ces états de conscience chamanique qui vous mettront sur la voie de cette illumination.

Tout comme avec les expériences chamaniques avec l'Ayahuasca, la loi de l'impermanence s'appliquera toujours, et jamais deux expériences seront similaires, vous avancerez toujours vers une nouvelle découverte, de nouvelles révélations et surprises. Alors faites ce travail sans idées préconçues, sans quelque chose à chercher ou à trouver, laissez ce soin à votre inconscient et à ce que l'Univers peut avoir en réserve pour vous. Rappelez-vous que la recherche de l'expérience de la mort de l'ego est justement ce qui fera s'éloigner cette potentialité de votre champ. Émerveillez-vous plutôt des découvertes que vous ferez, les révélations les plus importantes se cachent parfois dans des détails qui paraissent pourtant insignifiants, mais ce détail, replacé dans un contexte plus large peut aussi bien être la dernière pièce qui révèle un puzzle immense.

C'est tout l'intérêt de cette méditation: vous inciter à vous focaliser sur des éléments très concrets pour peu à peu vous emmener vers des sphères plus élevées à mesure que vous évoluez d'un état de conscience ordinaire vers un état de conscience chamanique. *Ānāpānasati*, c'est « l'attention sur le souffle », sur tous ses aspects, ses différences, ses sensations, comment expérimenter avec ce souffle et ses différentes manières de l'utiliser... et l'esprit étant pleinement accaparé à cette tâche, le mental se tait et observe, et l'imagination agente s'éveille peu à peu, permettant de passer à d'autres phases de cette méditation.

L'ATTENTION SUR LE SOUFFLE[1] :

Nous respirons chaque seconde de notre vie, de manière inconsciente et automatique, mais il est finalement assez rare que nous prenions conscience de cette respiration qui nous maintient en vie. On la remarque lorsqu'elle sort de l'ordinaire, lorsque l'on est essoufflé, ou que l'on soupire, mais quand prend-on conscience de notre respiration normale ? De la durée de notre souffle ? De la qualité de ce souffle ? Vous pouvez facilement faire un petit exercice : Fermez les yeux, et posez-vous doucement sur votre souffle. Observez l'inspire, puis l'expire. Est-il court ? Est-il long ? Saccadé ? Profond ? Maintenant, observez son intensité : respirez-vous bruyamment ou en silence ? Ensuite, observez sa qualité : votre respiration est-elle complète ? Aussi profonde à l'inspiration qu'à l'expiration ? Respirez-vous en gonflant le ventre et la poitrine ?

Puis, le souffle lui-même. Observez d'abord le début de votre souffle, à chaque inspire et à chaque expire, juste le début. Ou prend-il sa source ? Sur quelle partie du corps ? Est-il froid, chaud, tiède ? Le début est-il puissant, faible, bruyant, silencieux ? Remarquez chaque détail. Observez ensuite son milieu. Quelle espace remplit-il à l'inspire ? Quel espace vide-t-il à l'expire ? Quelle est sa légèreté, sa lourdeur, sa clarté, sa confusion ? Quel son émet-il ? Vient la fin de votre souffle. Est-il complet à l'inspire comme à l'expire ? Observez la fin de votre souffle. Enfin, où va-t-il ? Que nourrit-il ? Quelle énergie particulière produit-il ?

À chaque inspire et expire, regardez sa naissance, son milieu, sa disparition. Que remarquez-vous : vos inspirations et expirations sont-elles identiques ? Quelles sont leurs différences ? Voilà ce que signifie ***attention sur le souffle*** ou *Ānāpānasati*. Soyez conscient de votre souffle durant toute votre méditation car ce sera votre métronome. Et pour conclure, posez-vous cette question : combien de fois par jour êtes-vous vraiment conscient de votre souffle ?

1. Extrait de *Ānāpānasati – Technique méditative pour accéder aux états de conscience modifiés de la mort de l'ego*, Mika Denissot.

Fig.16: Temple bouddhiste, Ladakh

Cette méditation de l'*ānāpānasati* se découpe en seize phases réparties en quatre tétrades, quatre grandes parties, et elle devra se dérouler en respectant scrupuleusement l'ordre de ces phases, sans essayer d'en sauter une, ni même de la passer plus rapidement. Chaque phase est une évolution, chacune a sens profond et propre qui doit se révéler pleinement. Les quatre tétrades se déroulent comme ceci :

- La première tétrade fera référence aux conditionnements du corps par la concentration sur la respiration et les objets corporels.
- La seconde tétrade fera référence aux conditionnements de l'esprit par la concentration sur les sensations et les objets mentaux.
- La troisième tétrade fera référence à la libération de l'esprit en dirigeant l'esprit sur lui-même.
- La quatrième tétrade fera référence à la Vérité, en ressentant l'impermanence.

Le tableau suivant résume toutes les étapes contenues dans ces tétrades et pourra vous servir de référence ; nous allons entrer dans une description détaillée de chacune de ces étapes pour que vous compreniez bien leur importance respective :

Les quatre *satipatthānas* (tétrades) et les seize phases d'*ānāpānasati* :

Satipaṭṭhāna	*Ānāpānasati*	Tétrades
1. Contemplation du corps	1. Respiration longue 2. Respiration courte 3. Ressentant tout le corps 4. Tranquillisant les activités corporelles	Première tétrade
2. Contemplation des sensations	5. Ressentant la joie 6. Ressentant la félicité 7. Ressentant les formations mentales 8. Tranquillisant les formations mentales	Deuxième tétrade
3. Contemplation de l'esprit	9. Ressentant l'esprit 10. Réjouissant l'esprit 11. Concentrant l'esprit 12. Libérant l'esprit	Troisième tétrade
4. Contemplation des dharmas	13. Contemplant l'impermanence 14. Contemplant l'absence de passion 15. Contemplant l'extinction 16. Contemplant l'abandon	Quatrième tétrade

Première tétrade : la contemplation du corps

Durant cette première étape, il sera normal que vous ressentiez des démangeaisons et diverses autres sensations dans votre corps. À mesure que vous allez vous concentrer sur votre respiration et sur ses manifestations dans votre corps, vous allez prendre conscience de toutes mes petites choses que vous ne remarquez peut-être pas en temps normal. Cette contemplation du corps va venir éveiller toutes ces petites manifestations normales et les porter à l'attention de la conscience. Ce sont tous les mouvements et ces petites choses que vous remarquez à présent. Essayez de passer outre, mais si le besoin de vous gratter se fait irrésistible, grattez-vous en douceur et lentement.

Phase 1. La respiration longue

Quand il inspire longuement, il reconnaît: « j'inspire longuement ».

Quand il expire longuement, il reconnaît: « j'expire longuement ».

C'est ainsi que cette 1re phase est décrite dans le Visuddhimagga, le chemin de la pureté. Nous devons donc commencer cette méditation en faisant de longues et profondes respirations, et de bien prendre conscience de tous les aspects qui constituent ces respirations, leurs caractéristiques, leur comportement, leurs effets et les sensations qu'elles procurent. N'hésitez pas à prendre tout le temps nécessaire pour que ces respirations deviennent intimes, connues.

Phase 2. Les respirations courtes

Quand il inspire brièvement, il reconnaît: « j'inspire brièvement ».

Quand il expire brièvement, il reconnaît: « j'expire brièvement ».

Nous allons donc faire le même travail que lors de la première phase, en étudiant ces respirations courtes sous toutes leurs coutures, nous pouvons même comparer les différentes sensations que ces respirations génèrent avec celles des respirations longues.

Lorsque ce travail sera fait en profondeur, vous pouvez cesser de contrôler votre respiration, tout en continuant de l'observer attentivement, sans relâcher l'attention que l'on porte à tous les détails que l'on peut percevoir. Cela pourra prendre quelques minutes parfois pour que la respiration redevienne parfaitement normale et régulière. Vous allez alors reconnaître la véritable caractéristique de votre souffle, s'il est plutôt long ou plutôt court, s'il est plus long à l'inspire qu'à l'expire ou le contraire. Bref, vous allez découvrir la vraie nature, la véritable identité de votre souffle. N'essayez plus de le diriger, mais devenez votre souffle. Lorsque l'on est dans la démarche de la mort de l'ego, Ajahn Chah préconise de remplacer le « je » par « celui qui sait », en utilisant par exemple « celui qui sait inspire brièvement » plutôt que « j'inspire brièvement ». Un hypnothérapeute vous dirait que cela permet plus facilement à l'inconscient de savoir que vous vous adressez à lui et que vous lui donnez peu à peu les rênes.

Phase 3. Ressentant tout le corps

J'inspirerai / j'expirerai (ou celui qui sait) en connaissant toute la collection. Il s'exerce.

Durant cette phase, vous allez apprendre à conscientiser toutes les parties de votre corps grâce à la respiration en observant les nuances corporelles par la respiration. Vous allez respirer (pas renifler ou sentir, mais respirer ; comme si vous visualisiez votre respiration se faire par telle ou telle partie du corps) chaque zone, chaque organe, chaque tissu, les cheveux, un doigt, les yeux, les oreilles, les globules, les poils des jambes, le foie… la liste est longue. Dans les premiers temps, vous pouvez commencer par des parties plus faciles et « accessibles », celles que vous êtes habitués à ressentir au quotidien. Vous expérimenterez peu à peu avec d'autres zones, peut-être à mesure que vous apprendrez à découvrir l'anatomie humaine si besoin, pour aller jusqu'aux bactéries qui peuplent vos intestins. Plus vous connaîtrez ce qui vous compose en profondeur, plus votre méditation sera profonde.

En respirant un organe ou un tissu, vous allez respirer sa couleur, sa forme, sa délimitation, son odeur, sa direction, tout ce qui le constitue et le rend unique.

Phase 4. Tranquillisant les activités corporelles

J'inspirerai / j'expirerai en apaisant les créations corporelles. Il s'exerce.

C'est le moment, maintenant que vous êtes parfaitement connecté à votre corps, qu'avez pris le temps de le découvrir, vous allez pouvoir calmer ses activités et manifestations. Il est donc très important de bien prendre le temps de faire cette découverte en phase 3, cela déterminera la qualité de votre méditation dans les phases à venir. Il faut donc bien aller chercher tous les éléments du corps qu'ils soient solides, liquides ou gazeux, depuis les os jusqu'au CO2 que vous expirez.

C'est ce qui vous permettra de presque stopper tous les mouvements du corps, que tout devienne calme, comme si tout fonctionnait au ralenti. Lorsque vous aurez atteint cet état de paix physique, de calme dans le corps, vous aurez terminé cette première tétrade. Dans beaucoup de cas, et particulièrement dans les premiers temps, cette tétrade peut constituer une méditation à part entière. Vous pourrez tout à fait vous cantonner à ces quatre phases pour une méditation bienfaisante si le temps vous manque. Sinon, elle constituera une première étape essentielle pour vous permettre d'avancer encore un peu plus profondément.

Deuxième tétrade : la contemplation des sensations

Au long de cette tétrade et de ses quatre phases, après la tranquillisation physique vous allez cette fois porter votre attention et votre contemplation sur votre mental et la tranquillisation du psychique. Vous allez continuer à observer votre respiration à chaque instant de cette tétrade, comme vous l'avez fait précédemment.

Phase 5. Ressentant la joie

Phase 6. Ressentant la félicite

J'inspirerai / j'expirerai en connaissant le ravissement et la félicité.

Les deux premières phases de cette tétrade sont liées entre elles pour permettre à la joie et au bonheur d'apparaître graduellement. Ici, aucune action n'est requise de votre part en dehors d'une observation continue et soutenue ; toute votre force énergétique mentale ou psychique est entièrement dédiée à l'observation, il ne doit plus être question d'action ou de contrôle. Vous vous observez vous-même en tant que personne, vous observez cette joie et cette félicité qui circule en vous. N'essayez pas de générer des images heureuses ou de chercher des souvenirs emplis de joie, laissez juste ces sensations venir à vous. Appréciez cette joie et ce bonheur, prenez le temps de bien ressentir ce qu'ils font en vous, cela vous donnera un ancrage solide pour ne pas vous laisser entraîner par les craintes et les doutes des étapes suivantes.

Phase 7. Ressentant les formations mentales

J'inspirerai / j'expirerai en connaissant les créations mentales.

Le travail que vous avez fait avec votre respiration pour respirer les objets corporels, vous allez maintenant le faire pour les objets et les créations mentales. Vous allez les reconnaître pour ce qu'elles sont, leur identité profonde, leur raison d'être, les reconnaître pour ce qu'ils sont. Si une pensée vient, reconnaissez-la simplement. Vous la nommez « pensée » ou le nom de la pensée (j'ai soif, mon frère, je suis fatigué...). Faites de même pour tout, un son, une odeur... tous les objets mentaux, et vous allez prendre conscience de chacun d'eux. Peu à peu, vous allez accélérer naturellement ce processus, jusqu'à pouvoir prendre conscience de plusieurs de ces objets à la fois, continuer dans ce sens jusqu'à mettre votre mental en surcharge. Vous pourrez ranger ces objets dans différentes catégories : sensations, odeurs, sons... Lorsque cette action de regroupement apportera une surcharge à son tour, c'est que vous avez encore progressé dans votre méditation. Vous pourrez alors tous les regrouper en trois instances simples : plaisait, déplaisant, neutre. À partir de cet instant, toutes les expériences que vous vivrez seront nommées et catégorisées de cette manière : plaisant, déplaisant ou neutre.

Phase 8. Tranquillisant les formations mentales

J'inspirerai / j'expirerai en apaisant les créations mentales.

Vous avez tranquillisé le physique, puis saturé le mental, et vous allez maintenant tranquilliser le psychique. Encore une fois, cette tranquillité ne pourra être atteinte que lorsque vous aurez pris parfaitement conscience des mouvements et des créations mentales. Lorsque vous avez observé toutes vos créations mentales, que vous êtes passé dans un état de contraction forte, comme cela serait le cas lorsque vous serrez le poing très fort, au moment du relâchement, vous pouvez parfaitement sentir chaque partie de votre main.

Le principe est le même ici, cette contraction, cette saturation mentale que vous avez pratiquée dans la phase précédente, vous invite justement à ce relâchement et à cette détente mentale, pour que vous puissiez l'observer en profondeur et finalement calmer le mental aisément. Votre conscience posée délicatement dessus. À ce stade, vous êtes dans une zone dite phénoménale subtile. Vous avez pénétré profondément dans un ECC où même votre respiration semble avoir presque disparu, où la paix et la sérénité vous ont envahi.

Troisième tétrade : la contemplation de l'esprit

Le corps et le mental sont apaisés, silencieux, lointains. La conscience de vous-même et de votre environnement immédiat est subtile, comme diffuse, c'est ce que l'on apparente souvent à un rêve lucide. Vous n'êtes pas dans le sommeil, mais très proche. L'attachement aux objets corporels et mentaux s'est dissous et vous avancez vers l'étape de la transcendance. Le psychique n'est plus actif et vous pouvez avancer vers la tranquillité de l'esprit.

L'imagination agente, celle qui manifeste l'esprit profond, va s'éveiller, accompagnée des connaissances transcendantes.

Phase 9. Ressentant l'esprit

J'inspirerai / j'expirerai en connaissant l'état d'être.

L'état d'être est cette connaissance de l'esprit, de cette réalité inconsciente où l'on peut s'approcher de la vacuité et la lumière source. À ce stade, vous percevrez certaines manifestations dans votre espace intérieur, des manifestations visuelles comme des lumières très brillantes, des manifestations sonores comme des sons flûtés ou cristallins par exemple. Ne cherchez pas à percevoir quoi que ce soit, déjà parce que ce n'est jamais systématique, c'est une possibilité simplement, mais aussi parce que si vous tentez de chercher ces manifestations, vous ne réussirez qu'à les éloigner de vous. Contentez-vous de ressentir et d'accueillir en vous ce que vous ressentez... même le vide et l'absence de toute sensation.

Phase 10. Réjouissant l'esprit

J'inspirerai / j'expirerai en réjouissant l'état d'être.

Vous êtes ici dans la continuité de la phase précédente, et il est important que vous restiez plus encore dans votre respiration, présent dans votre état d'esprit. Durant cette phase, vous allez intensifier un peu plus les sensations, les manifestations de votre esprit, la vacuité et la plénitude, pour avancer vers une plus grande stabilité.

Restez conscient à chaque instant de votre respiration, de la manière dont elle nourrit cette forme de stabilité de votre esprit.

Phase 11. Concentrant l'esprit

J'inspirerai / j'expirerai en concentrant l'état d'être.

C'est une indication à ce stade de concentrer l'esprit pour soutenir l'attention. Ici vos points d'ancrages doivent se situer à la racine de la narine là où l'air entre en friction avec vos narines en étant dans le point subtil de ce frottement de l'air avec votre peau. L'esprit se posera alors dans le souffle, et il deviendra le souffle. Un mouvement rotatif peut se faire sentir. Il n'est pas rare non plus dans cette phase, d'avoir énormément de visions tout aussi belles, claires et subtiles les unes que les autres. Certaines peuvent aussi être surprenantes, comme archaïques, ou encore primitives.

N'essayez pas non plus de vous attacher à ces visions, laissez-les passer à leur rythme, sans les retenir ou essayer d'y revenir. Ce sont souvent des manifestations de votre mémoire ou de la mémoire collective, des réminiscences. Si ces visions viennent accompagnées de sensations déplaisantes, reconcentrez-vous bien sûr votre respiration, votre souffle pour continuer à concentrer l'esprit. Vous vibrez déjà sur une autre fréquence, il est donc naturel que les sensations que vous ressentez paraissent inhabituelles.

Phase 12. Libérant l'esprit

J'inspirerai / j'expirerai en libérant l'état d'être.

Cette étape ne demande aucune action ou intervention de votre part, elle se manifeste d'elle-même. Il ne s'agit pas d'une libération de l'esprit à proprement parler, mais d'un moment où l'on se défait d'un ensemble de résidus inconscient. C'est la phase du lâcher-prise, d'abandon de toute action mentale ou physique. Déjà une forme de mort.

Encore une fois, l'ancrage de la respiration sera indispensable pour dépasser certains résidus émotionnels attachés à ces manifestations inconscientes, qu'il s'agisse de visions ou d'autre chose, et pouvoir revenir vers ce lâcher-prise et cette stabilité de l'esprit.

Quatrième tétrade : la contemplation des dharmas

Voici la dernière tétrade d'*Ānāpānasati*. C'est l'étape du dharma, celle de la loi qui régit l'ordre, l'organisation et la disposition des choses aussi bien sur le plan mental, social, religieux ou cosmique. Durant cette tétrade, il vous faudra appréhender cet ordre pour aller jusqu'à la réalisation de l'unité, appréhender cela comme tous les phénomènes du monde et pas seulement les phénomènes mentaux.

Au cours de ces 4 dernières phases, il n'existe plus que la contemplation. Ces étapes dépendront directement de degré de lâcher prise qui a été atteint lorsque la phase précédente. Vous entamerez cette nouvelle étape lorsque votre psyché et votre esprit seront immobiles et vigilants. C'est alors que vous atteindrez l'accès à la connaissance transcendante. C'est l'étape qui mène à la mort de l'ego, à l'expérience du non-Soi.

Phase 13. Contemplant l'impermanence

J'inspirerai / j'expirerai en contemplant le temporaire.

Contemplez l'impermanence. Celle qui existe en vous et autour de vous. Contemplez l'absence de continuité, l'absence de substance et de réalité. Vous captez des vibrations que vous transformez en visions, sensations, émotions, idées, et vous contemplez ce film qui n'existe pas, qui n'a aucune réalité, comme un rêve lucide.

Phase 14. Contemplant l'absence de passion

J'inspirerai / j'expirerai en contemplant le détachement.

Détachez-vous du monde, des phénomènes qui vous entourent et qui existent en vous. Contemplez le début, le milieu et la fin de toute chose. Le début, le milieu et la fin de toute pensée, de tout phénomène psychique, et qu'aucun phénomène, quel qu'il soit ne pourra se reproduire à nouveau de la même manière.

C'est là que le détachement se fera, de lui-même, que l'attachement aux phénomènes du monde pourra se dissoudre doucement. La peur pourra surgir ici, la peur primaire de la mort de l'ego, ou même la peur de l'extinction, mais gardez conscience de l'expérience et de sa stabilité, la contemplation devient intuitive, la respiration et le corps ont été totalement oubliés.

Phase 15. Contemplant l'extinction

J'inspirerai / j'expirerai en contemplant l'arrêt.

En contemplant le début, le milieu et la fin de tous les phénomènes psychiques, l'arrêt, l'extinction, la mort, la fin de chaque phénomène prend alors sens. La fin d'une idée, sa propre fin, sa mort sous toutes ses formes. Contempler la finalité des phénomènes psychiques est l'ultime contemplation pour pouvoir atteindre la dernière phase de l'*Ānāpānasati.*

Ce que vous contemplez, c'est la fin de tout, votre fin, celle vers laquelle toute chose tend depuis sa naissance, sans jamais que la respiration ne s'arrête. Contempler l'arrêt des phénomènes, c'est transcender les phénomènes. C'est quand il n'y a plus rien, que tout commence.

Phase 16. Contemplant l'abandon

J'inspirerai / j'expirerai en contemplant le lâcher-prise.

Cette dernière phase, comme les trois précédentes, se produit spontanément ou ne se manifeste pas. Cette possibilité, cette culmination dépendra de la manière dont les phases précédentes, d'autres tétrades se sont déroulées, avec quelle intensité et quelle qualité. Encore une fois, ce n'est pas quelque chose que l'on peut rechercher ou solliciter, mais simplement vécu lorsqu'elle se présente. La laisser vous emporter, vous absorber totalement. Vous contemplerez l'abandon absolu, celui où l'ECC est à son maximum et vous emmène vers une transcendance parfaite, claire, limpide… la mort de l'ego et un retour vers le Soi, vers la source du Soi et de toute chose.

Nous avons tenu particulièrement à détailler le plus clairement possible cette méditation de l'*Ānāpānasati* car elle représente une voie d'accès privilégiée à la mort de l'ego. Certes, nous avons personnellement toujours travaillé avec l'Ayahuasca qui est un outil extraordinaire pour atteindre ce but, mais ce n'est pas une méthode que l'on pourrait en bonne conscience recommander à n'importe qui. L'expérience de l'Ayahuasca, de même qu'avec n'importe quel autre enthéogène, ne laisse pas forcément la place à une possibilité d'échapper à l'expérience. Certaines personnes seraient tentées de la considérer comme une solution de facilité, mais c'est une solution risquée.

Si une personne n'est pas prête à affronter cette mort de l'ego et qu'elle entre dans cette expérience transcendantale à l'aide d'un enthéogène, l'impossibilité de quitter l'expérience pourra causer plus de dégâts psychiques qu'elle n'apportera de bienfaits, allant jusqu'à plonger la personne dans une profonde détresse émotionnelle, psychologique, ou même relevant de la psychiatrie si l'on considère la possibilité d'une dépression profonde résultant d'une expérience trop violente.

Il faut bien comprendre que toutes ces étapes de cette méditation que nous venons de décrire se retrouvent durant une expérience avec l'Ayahuasca. Toutes ! Cependant, cette contemplation sera parfois « forcée », imposée au participant. La respiration reste extrêmement importante, elle devra toujours être là pour aider et accompagner une personne au travers de son expérience chamanique, pour calmer son émotionnel, calmer son mental, avancer vers la stabilité et le lâcher-prise. Il arrive parfois, qu'une personne se laisse déborder, ne pense plus à cette respiration, elle est alors en décalage avec l'expérience, avec elle-même et son état présent, sans malgré tout de possibilité de retour. Se produit alors une dissonance qui pourra être vécue de manière pénible, voire très pénible, ce qui sera évidemment contre-productif.

Il pourrait sembler fastidieux de devoir en passer par l'entraînement que requiert ce type de méditation, mais en réalité, il faudrait le même type d'entraînement pour pouvoir faire cette expérience de la mort de l'ego en utilisant l'Ayahuasca ou tout autre enthéogène, peut-être même plus encore. En aucun cas cela ne peut être considéré comme une solution de facilité, bien au contraire.

ANNEXE III

Les profils psycho-émotionnels liés aux *Gunas* influençant les Chakras[1]

1. Compilation d'informations proposée par Cyril Champagne (Hypnologie 2016).

Chakra 1 – MOOLADHARA

	GÉNÉRAL	ÉMOTIONS
TAMAS	SURVIVRE	Peur Terreur
Tamas – Rajas	ANXIÉTÉ	Anxiété Phobies Appréhension
Rajas – Tamas	ACCUMULER	Neutre : insécurité masquée par le confort
RAJAS	SÉCURISER	Sécurité Neutre
Rajas – Satva	GÉNÉROSITÉ AUTOCENTRÉE	Contentement (si argent), fierté de la famille, autosatisfaction
Satva – Rajas	GÉNÉROSITÉ ALTRUISTE	Contentement, satisfaction
SATTVA	SÉCURITÉ & LIBERTÉ	Tranquillité, Expérience de pointe
Illuminé	SÉCURITÉ ABSOLUE	Tout est la bonne place et tout va bien Expérience de pointe

PERCEPTIONS	PENSÉES	COMPORTEMENTS
Monde = dangers	Hypervigilance (par contrôle du danger)	Éviter l'angoisse
Voit les problèmes possibles	Préoccupations Anticipation de problèmes	Cherche activement la détente
Cherche opportunités d'argent et de possession	Centrées sur l'argent et les possessions	Avidité, besoin de toujours plus
Monde = opportunités	Orientées argent et possessions, par moyens honnêtes	Orienté famille Orienté vers argent et possessions, égocentré
Opportunités partagées	Orientées opportunités partagées	Gain mutuel
Avoir le nécessaire pour travailler	Les possessions ne sont pas source de sécurité, mais de peur de les perdre	Accumuler le nécessaire et donner le reste aux autres
Tout est à sa juste place	Chacun à son chemin propre	Ne cherche rien
Tout est la bonne place et tout va bien Expérience de pointe		Inspire la sécurité

Chakra 2 - SWADDHISTHANA

	GÉNÉRAL	ÉMOTIONS
TAMAS	DÉPRESSIONS SÉVÈRES ET CHRONIQUES	Extrême tristesse, incapacité à se réjouir de la vie
Tamas – Rajas	ABATTEMENT	Abattement, pessimisme
Rajas – Tamas	RECHERCHE DE PLAISIR, MOTIVATION NÉFASTE	Mécontentement, abattement, ennui, esseulement
RAJAS	SEXE, PLAISIR, HÉDONISME	Effort, optimisme, flexibilité, moteurs
Rajas – Satva	JOIE ÉTHIQUE ET COMPASSIONNÉE	Tendresse, humour, sexualité aimante et attentionnée
Satva – Rajas	JOIE INTÉRIEURE	Joie, bonheur, plaisir
SATTVA	JOIE SANS OBJET	Être la joie et donner de la joie Expérience de pointe
Illuminé	FÉLICITÉ EXTASE	Sentiment d'unité universelle Expérience de pointe

PERCEPTIONS	PENSÉES	COMPORTEMENTS
Voit uniquement les aspects négatifs de la vie	Pessimisme, sans espoir, mémoires tristes, absence d'estime de soi	Autodépréciation, culpabilité, vitalité basse, perte de poids et d'appétit
Incapacité à percevoir les aspects positifs du passé, du présent, du futur	Pessimisme	Addictions, dépressions chroniques
Monde = sexe	Orientées vers la sexualité Désir sexuel pour plaisir personnel	Manger trop, boulimie, drogues, alcool, jeux Compulsion sexuelle
Monde = opportunités de s'amuser dans le plaisir	Croyance que le bonheur dépend de l'externe	En accord avec les opportunités de s'amuser
Monde = possibilité de satisfaction mutuelle	Recherche d'avoir de la joie et de faire le bonheur de l'autre	Recherche de faire le bonheur de l'autre
Monde = joie partout Voit les qualités des autres	Réalisation que joie, bonheur et plaisir sont internes	Heureux, content, humour, activité sociale : fêtes, rassemblement...
Voit les aspects positifs de chaque chose	Pas besoin de joie externe	Charisme. Les autres aiment cette présence
Sentiment d'unité universelle Expérience de pointe		

Chakra 3 - MANIPURA

	GÉNÉRAL	ÉMOTIONS
TAMAS	IMPOSSIBLE D'AGIR	Apathie, léthargie
Tamas – Rajas	IMPULSION D'AGIR	Détresse, culpabilité Basse estime de soi
Rajas – Tamas	POUVOIR NÉGATIF	Colère, mécontentement Incapacité à demander de l'aide, ferté
RAJAS	POUVOIR (CAPACITÉ) ET CONTRÔLE	Enthousiasme au service de soi-même
Rajas – Satva	ÉQUITÉ	Engagement vers les autres, envie d'aider
Satva – Rajas	KARMA-YOGIS	Altitude positive dans le succès comme l'échec Pas d'attachement aux récompenses
SATTVA	ACTION NATURELLE AU SERVICE DES AUTRES	Amour pour le travail produit, pas pour soi Expérience de pointe
Illuminé	HUMILITÉ ABSOLUE	Réalisation du pouvoir d'action de l'univers Expérience de pointe

PERCEPTIONS	PENSÉES	COMPORTEMENTS
Tout est trop difficile	Épuisement	Paresse, fatigue intense
Soi-même comme incapable de finir les choses	Orientées vers l'incapacité à agir	Commence des actions sans pouvoir les finir
Ignore les besoins des autres	Négatives et puissantes	Entêtement, destructeur, danger social
Monde = opportunités d'agir	Ambition	Actif, courageux
Monde = en attente d'aide.	Croyance en la justesse de l'action (vers travail, famille, entourage)	Assiduité, bénévolat
Entouré de reconnaissance	Encourage les autres sans les pousser (respect du Manipura de l'autre)	Focalisés sur l'action, précis, attentifs
Instrument d'une instance supérieure Synchronicités	« Allons-y »	Action naturelle au bénéfice des autres et du monde
Réalisation du pouvoir d'action de l'univers Expérience de pointe		

Chakra 4 - ANAHATA

	GÉNÉRAL	ÉMOTIONS
TAMAS	SOCIOPATHIE	Isolement Absence d'émotion envers les autres
Tamas – Rajas	ANTISOCIAL	Isolement Émotions négatives
Rajas – Tamas	BESOIN DE COOPÉRER	Besoin de la coopération des autres pour être satisfait
RAJAS	AMOUR CONDITIONNEL	Compassion, amour irraisonné, vide, ressentiment, colère, jalousie
Rajas – Satva	PRENDRE SOIN DE L'AUTRE	Compassion, éthique, bienveillance, amour
Satva – Rajas	AMOUR ALTRUISTE	Amour inconditionnel pour tous, compassion
SATTVA	BHAKTI-YOGIS	Être l'amour Expérience de pointe
Illuminé	SÉRÉNITÉ, FOI	Expérience que tout l'univers est fait d'amour Expérience qui marque définitivement « Tout va bien » Sécurité, amour, compassion, joie, confiance Expérience de pointe

PERCEPTIONS	PENSÉES	COMPORTEMENTS
La bienveillance est stupide	Violentes	Utiliser la vulnérabilité de l'autre, violence, destruction
La bienveillance est stupide	Violentes	Criminalité, addictions Organisations criminelles
Monde = opportunité d'être aidé	De ne pas appartenir à un groupe normal	Coopération pour satisfaction personnelle
Besoin d'aimer et d'être aimé.	Amour passionné centré sur soi	Passionnés
Entourage personnel = besoin d'amour	Amour inconditionnel et sincère	Sélectif dans le choix de ceux à qui donner de l'amour
Perception du monde vaste et claire Cherche opportunités d'aider	Orientées vers le bien-être et l'aide, l'envie d'aider	Actons dirigées vers le besoin des autres
Entouré d'amour, diffuse de l'amour	Naturellement aimantes	Présence qui dissout les animosités
Expérience que tout l'univers est fait d'amour Expérience qui marque définitivement « Tout va bien » Sécurité, amour, compassion, joie, confiance Expérience de pointe		

Chakra 5 - VISHUDDHI

	GÉNÉRAL	ÉMOTIONS
TAMAS	RECLUS	Isolement, incapacité à communiquer Incompréhension/ Paranoïa
Tamas – Rajas	SILENCIEUX (par incapacité)	N'a rien à dire
Rajas – Tamas	COMMUNICATION NÉGATIVE	Insatisfaction
RAJAS	COMMUNICATION FLUIDE	Plaisir à converser, parler et écouter
Rajas – Satva	ÉLOQUENCE	
Satva – Rajas	DIPLOMATIE	Bienveillance, intérêt au bien-être de l'autre dans la communication
SATTVA	FLUX D'INFORMATION (JNANA-YOGIS)	L'information passe à travers soi Expérience de pointe
Illuminé		Réalisation du pouvoir de la pensée et de la parole Le cosmos est un réseau de communication, où résonnent les paroles et les pensées Expérience de pointe

PERCEPTIONS	PENSÉES	COMPORTEMENTS
Communication bloquée	Être coincé, persécution	Isolement
Inapte à la conversation	Impossibles à transmettre	Contact et communication limités, silence
Négatives : choses à redire	Négatives : plainte et critique	Focalisation verbale sur le négatif ou les détails négatifs
Orientées vers des interlocuteurs présentant des opportunités pour soi		Parle et écoute fluidement, éventuellement parlent trop et coupent l'autre
Connaissance intuitive de ce que l'autre veut comprendre	Explications simples de sujets complexes	Communication claire, simple, organisée Langage corporel libre et ouvert
Anticipation des questions		Communication non violente naturelle Grande diplomate sur tout sujet
L'information circule à travers la personne		Immense charisme naturel
Réalisation du pouvoir de la pensée et de la parole Le cosmos est un réseau de communication, où résonnent les paroles et les pensées Expérience de pointe		

Chakra 6 : AJNA

	GÉNÉRAL	ÉMOTIONS
TAMAS	IMPOSSIBLE DE PENSER	Inerte, léthargie
Tamas – Rajas	RAISONNEMENT FAIBLE	Conscient d'être plus intelligents qu'ils n'en ont l'air
Rajas – Tamas	PENSÉE EGOCENTREE	Pensées centrées sur soi
RAJAS	COMPÉTENCE INTELLECTUELLE ET LOGIQUE	Pensées au service de soi et des autres
Rajas – Satva	GRANDE INTELLIGENCE	Aiment trop l'intellect, bloquent l'intuition et la sagesse
Satva – Rajas	GÉNIES	Créativité, originalité, humour
SATTVA	SAGESSE ET INTUITION (JNANA-YOGIS)	Expérience de pointe
Illuminé		Réalisation du sens de l'existence : univers, espace, temps, vie Omniscience impossible à verbaliser et transmettre Expérience de pointe

PERCEPTIONS	PENSÉES	COMPORTEMENTS
Incohérence logique	Obscurcies, limitées, tronquées, chaotiques, qui s'échappent…	Impossible de conclure un raisonnement
Monde = juge par l'intellect	Raisonnement faible	Affiche une fausse stupidité pour ne pas avoir à exprimer des pensées
Monde = opportunités	Dominées par l'ambition et l'opportunité pour soi	Pense à son intérêt
Perception de la population moyenne : pensée suffisante pour travailler, éduquer, évoluer	Logique pour bénéfice personnel	Cible des magazines, publicités, divertissements
Monde = matière à penser, champ de connaissances	Pensée claire et rapide	Attirés par connaissance et éducation Vie constructive et éthique
Nouvelles façons de voir le monde, concepts nouveaux	Pensée logique en lien avec des capacités psychiques supérieures	Créatifs, orignaux, visionnaires
Précognition, clairvoyance, capacités psychiques supérieures	En contact avec les plus hauts niveaux du mental	
Réalisation du sens de l'existence : univers, espace, temps, vie Omniscience impossible à verbaliser et transmettre Expérience de pointe		

Index des illustrations

Bibliographie

CORBIN Henri, *En Islam iranien: aspects spirituels et philosophiques, tome IV, livre 7*, Gallimard, 1991.

CORBIN Henri, *L'imagination créatrice dans le soufisme d'Ibn'Arabî*, Entrelacs, octobre 2006.

DUTHEIL Régis et Brigitte, *L'Homme superlumineux*, Sand, avril 2012.

EVANS-WENTZ W. Y., *Bardo Thödol, le livre des morts tibétain ou les expériences d'après la mort dans le plan du bardo* (suivant la version anglaise du lama Kazi Dawa Samdup), Librairie d'Amérique et d'Orient Adrien Maisonneuve – Jean Maisonneuve, 1998. Oxford Univ. Press, 1969.

HARNER et DOORE, *Ancient wisdom in shamanic cultures*, 1985.

HARNER Michael, *The way of the shaman, the guide to power and healing*, Harper & Row, 1980.

HERBERT Franck, *Dune*, Pocket, 2012.

LOVECRAFT Howard Phillips, *The Complete Works*, Sanage Publishing House, 1re édition, 2021.

MAHARSHI Ramana, *Conseils de Ramana Maharshi pour la réalisation spirituelle*, Almora, 2011.

MASLOW H. Abraham, *Vers une psychologie de l'Être*, Fayard, 1972.

OSHO, *Mourir et Renaître: La voie soufie, Intuitions, Émotions*, Almasta Éditions, 2014.

PLATON, *La république*, Flammarion, 22 juin 2016.

PREVOST Henri Jacques, *Petit Manuel d'Humanité, cahier n° 18*, http://jacques.prevost.free.fr

La présence importante des citations de H.P. Lovecraft est liée à ce qui m'a amené à écrire ce livre. Certes, mon expérience avec la petite mort de l'Ayahuasca sous-tend ma motivation personnelle, mais je parle ici de l'élément déclencheur. Alors que j'étais à la recherche d'un nouveau livre à lire sur mon kindle, la boutique m'a proposé les œuvres complètes de Lovecraft en anglais pour 1 euro. J'avais toujours adoré Lovecraft durant mon adolescence, et l'idée de reprendre l'intégrale fut très tentante (en plus d'avoir un prix imbattable). Au cœur de toutes ces pages, il y a quelque chose que j'ai lu avant de m'endormir et qui a fait germer l'idée de ce livre. J'ai essayé de nombreuses fois de relire la nouvelle que je pensais ou croyais être à l'origine de cette révélation, mais soit je me trompais d'endroit, soit je n'arrivais plus à trouver le sens initial. Quoi qu'il en soit, j'ai fouillé, noté des passages marquants, tout ce qui est venu s'intégrer dans les pages de ce livre. Ce n'est pas tant que Lovecraft est tourné vers tout ce qui touche à la mort qui est intéressant pour moi ici, mais plutôt le fait qu'il soit un vrai rêveur, capable de laisser son esprit évoluer dans d'autres dimensions et d'envisager d'autres possibles. La mort n'est jamais une fin, juste un passage entre deux états, comme un rêve.

Pour contacter l'auteur :

https://sebastiencazaudehore.fr

Table des matières

Dépôt légal : octobre 2021 N° imprimeur : 102170187-01
Imprimé en France par Présence Graphique - Monts.